Quan Yin Lam

Maria im fernen Osten

Richard Karutz

Mein Dank geht an Peter Windsheimer für das Design des Titelbildes. Des Weiteren an Ariane und Michael Sauter.

Für Schäden, die durch falsches Herangehen an die Übungen an Körper, Seele und Geist entstehen könnten, übernehmen Verlag und Autor keine Haftung.

Copyright © 2016 by Christof Uiberreiter Verlag
Waltrop • Germany

Herstellung und Verlag:
BoD – Books on Demand, Norderstedt.
ISBN: 9783741276439

Alle Rechte, auch die fotomechanische Wiedergabe (einschließlich Fotokopie) oder der Speicherung auf elektronischen Systemen, vorbehalten
All rights reserved

Wer von uns sah noch nicht Dein Bild, Kuan yin? Dein zärtlich weißes Figürchen aus feinem, durchscheinendem, warm und heimlich schimmerndem Porzellan, fror irgendwo zwischen dem stumpfen kalten Grau süßlicher Unmöglichkeiten einer zwecklosen Industrie, unter die Dich eine Erbschaft verschlagen hatte, oder schämte sich an der Seite der Unwahrheiten einer verwestlichten japanischen Fabrikmache, wie sie in den Häfen des Ostens als „Andenken" einer buntzusammengewürfelten Fremdenbevölkerung angeboten wird, die in all ihrer naiven Anspruchslosigkeit und künstlerischen Instinktsarmut sich noch ein Fünkchen Sehnsucht nach Schönheit bewahrt und die man so darum betrügt. Oder Du wartetest auf dem Ehrenplatz, den Dir ein wissender und liebender Kunstkenner bei sich eingeräumt, auf die Hand, die Dich aufnimmt und streichelt, oder Du ruhtest wohlbehütet hinter den Glasscheiben des Museumsschrankes und erwidertest die Blicke der Vorüberziehenden, die meist zerstreut über die Dinge hinwegglitten, auf Dir aber, von Deiner Anmut angezogen, für Augenblicke wenigstens, in einer Art ahnenden Gefühles, ruhen blieben. Oder eins der vielen Bücher des Tags über exotische Kunst hatte Dich auf seine Tafeln gebannt und wies Dich den Darbenden und Suchenden als einen Gruß aus Welten, die noch wahres inneres geistiges Erleben mit der Kraft und dem Willen zum Ausdruck verbinden. Da stiegst Du aus dem breitgeblätterten Kranz eines Lotosblumenkelches aufwärts wie der feine Stengel einer schlanken Pflanze und suchtest mit den Linienzügen Deines zarten Körpers die Sonne; die schmalen Hände fassten sich zu meditativer Sammlung oder hielten einen Edelstein, ein Gefäß, eine Frucht oder trugen ein Kind vor sich wie Isis ihren Horus, wie Maria ihren Jesusknaben. In langen Falten legte sich das Gewand um Dich, wie ein Dämmerschleier nebelumsponnenen Waldsees um die Bäume seines Ufers, und hüllte das still aufstrebende Leben Deines Pflanzenseins in den Schutz keuscher Unberührtheit. Wer bist Du verkörperte Harmonie des Gesetzmäßigen, ruhvolle edle und schlichte Natürlichkeit, Du duftend Blumenhaftes, Du traumschlafumfangene Unbewusstheit und Unschuld? Bist Du die inkarnierte Reinheit des Triebfreien oder die Reinkarnation des Lebendigen schlechthin, dem Tier und dem Menschen gleich ferne und gleich nahe? Und du mit dem Kinde auf dem Arm, hast Du den Menschen in das Pflanzenhaftlebendige hineingenommen oder hast Du mit ihm das sichtbare Gleichmaß der kosmischen Gesetzmäßigkeit durchbrochen? Bist Du Maria? Oder wer bist Du? Ist dein Rätsel enträtselbar? Kann man Deine

Schönheit aus einem Ästhetizismus, der sie in seine leere Schale sperren will, einen kunsthistorischen Schematismus, der die Formen wandern lässt als könnten hohle Schneckenhäuser kriechen, einem philosophischen Anatomismus, der zu alten Theorien eine neue fügt, befreien? Kann man deiner Schönheit Form und Sinn als Eines fassen und ihre Quelle in dem ewig wirklichen des Weltlebens und des Menschenlebens finden? Wer bist Du, Kuan yin?

*

Als die Missionare der jesuitischen Mission den Kultus der buddhistischen Kirche in Tibet kennen lernten, fanden sie ihn zu ihrer Überraschung ihrem eigenen so ähnlich ja in manchen Stücken so vollkommen gleich, dass sie ihn für Teufelswerk erklärten, für einen zum Hohn und Spott absichtlich von höllischen Mächten vor sie hingestellten Spuk: Mönchs- und Nonnenklöster, geistliche Hierarchie und Papsttum, Kirchenschmuck und Kirchenmusik, Priesterkleidung, Zeremoniell mit Glocken, Rosenkranz, Weihrauch, Weihwasser, Beichte, Fasten, Zölibat, all das waren Dinge, die sie sich bei „Heiden" nicht erklären konnten. Das Problem hat seitdem die Wissenschaft unausgesetzt beschäftigt, ohne sich von ihr lösen lassen zu wollen, die Beziehungen zwischen Christentum und Buddhismus werden noch heute formal wie sachlich erörtert, die führenden oder gestaltenden Einflüsse in ihnen bald dem einen bald dem anderen zugeschrieben, bald in weitem Umfange behauptet, bald auf einzelne legendarische Erzählungen beschränkt. Die Ansichten gehen überall auseinander und wechseln selbst bei demselben Forscher; sie müssen es tun, weil sie von der subjektiven Deutung alter und neuer literarischer und archäologischer Funde sich abhängig machen, jene Beziehungen auf äußerliche Traditions-, Austausch-, Wanderungsbedingtheiten und auf die Konstruktion frei-erfindender Phantasiekraft zurückführen, nicht in den geistigen Welten des Bewusstseins diesseits wie jenseits des jeweils Physischen suchen, im Sichtbarlichen und Tätigen wirklicher, geistiger Geschehnisse innerhalb des Erdenlebens sowohl wie in der Zeit, da der Menschenkern im Leben zwischen Tod und neuer Geburt sich weiterentwickelt. Weil sie infolgedessen nichts von einer kosmischen Christustatsache kennen, die schon vor dem Golgatha-Ereignis in der geistigen Welt gewusst wurde und nach dem Golgatha-Ereignis in der geistigen Welt fortwirkte, deren Wesenheiten in ihren Gedanken, ihrem Gefühls- und Willensleben umgestaltete und durch sie wieder mittelbar das Geschehen in der physischen Welt bestimmte. Ihnen liegt hinter den Propheten des Alten Testamentes und ihren weissagenden Hindeutungen auf den Christus keine Wirklichkeit, so wenig wie in der Erzählung des Neuen Testamentes von den Dämonen, den übersinnlichen astralischen Wesenheiten, die den Christus Jesus schon bei seiner Taufe im Jordan als das göttliche Weltenlicht erkannten, wiedererkannten, kann man sagen, von der geistigen Welt aus gesehen, in die hineinzusehen uns Rudolf Steiner den Weg gewiesen hat. Probleme, wie die Jungfräulichkeit Mariä, um die sich die katholische Wissenschaft, das heißt, jene Wissenschaft quält, deren Veröffentlichungen den Stempel „mit kirchlicher Druckerlaubnis" tragen, verschwinden vor der Einsicht in die Geistwesenheit des Menschen und in das Wesen der Inspiration und der Inkarnation; sie können nur eine dogmatische Kirche, die vor sich die allein rechtgläubige ist und die Legenden von einer übernatürlichen Geburt anderer Religionsstifter, Lehrer und Führer der Menschheit als des Christus Jesus unbequem empfindet, zu feinen Unterscheidungen wie solchen zwischen übernatürlicher Empfängnis und Jungfräulichkeit nötigen. Legenden, wie die von Christophorus oder von der Verkündung, die dort und hier vorkommen, erklären sich als gleiche seelische Erlebnisse, die vom verlorenen und wiedergefundenen Jesus bzw. Krishna-Knaben als unmittelbares Hineinschauen in die geistes-geschichtliche Aufzeichnung alles Geschehens.

Das Marienproblem stellt sich fast in jeder ostasiatischen Kunstsammlung vor uns hin, denn fast jede solche Sammlung enthält neben entzückenden hauchzarten milchfarbenen Porzellanfiguren der sogenannten Göttin der Barmherzigkeit, neben schwereren Holz- und ernsteren Bronzeplastiken, neben gemalten Bildern von ihr auch Darstellungen im Typ der sitzenden mütterlichen Gestalt, die ein Kind auf dem Schoße hält und auf den ersten Blick durch die Ähnlichkeit mit Maria überrascht. Man hat denn auch dieses künstlerische Motiv als einen christlichen Einschlag in das Gewebe der buddhistischen Bilderverehrung erklärt.

Zeitlich ist es möglich. Die Geschichte der frühchristlichen Kunst zählt die ersten Marienbilder mit dem Jesuskinde für die Katakombenmalereien dem Ende des zweiten, für die Sarkophagskulpturen und für die palästinensisch-syrischen Darstellungen dem vierten Jahrhundert zu; die Nestorianer, die um die Wende des fünften Jahrhunderts nach Indien, im siebenten nach China kamen, konnten also wohl das Madonnenbild nach dem fernen Osten bringen, umgekehrt konnten buddhistische Inder und Chinesen es in Syrien,

Ägypten und Rom kennen lernen und in ihre Heimat mitnehmen, wo es neue künstlerische Form für einen alten, einheimischen Gedankeninhalt wurde. Konnten! Ja! Aber so leicht wollen wir die Frage nicht nehmen, dass wir ihr zumuten, sich mit einem „Konnten" zu bescheiden, sich mit dem Hinstellen einer Möglichkeit zufrieden zu geben. Wir wollen nicht behaupten, was wir von uns aus, mit unseren abstrakten Gedanken uns ausdenken, sondern nur das annehmen, was uns das Wesen des Phänomens selbst erzählt.

Vom zweiten jener beiden Wege sehe ich ab, er wandert ganz durch Hypothesenland, aber auch der erste ist mit dem hingeworfenen „nestorianischer Einfluss" keineswegs frei. Das nestorianische Christentum hat eine seiner Besonderheiten in der ablehnenden Haltung zur Mutter Jesu als der Mutter Gottes und hat gewiss nicht die Madonna, die gerade gegen Nestorius im Jahre 461 zu Ephesos als Gottesmutter dogmatisiert wurde, kultlich verehrt oder gar an erster Stelle verbreitet. Man stellt sich diese Verbreitung zudem recht naiv und doktrinär vor so etwa wie die geschäftsmäßige Überschwemmung der „Heidenländer" mit billigem Schund in unserer Epoche des Traktätchens und des fabrikmäßigen Farbendrucks, vergisst, dass Marienbilder damals wohl vorkamen, aber noch viele Jahrhunderte lang seltene Einzelerscheinungen waren und die Missionare nicht packweise begleiteten, und fragt nicht, wo denn andere christliche Motive, zum Beispiel der Kruzifixus, die doch ebenso gut übernommen werden konnten, in der ostasiatischen Kunst sind. Man kommt eben mit den formalistischen Vergleichen nicht weiter, klebt an der Oberfläche fest und kann nicht unter sie, in den Inhalt der Form eindringen; man behandelt das Kultbild wie ein Ornament, das allenfalls noch durch die Kunstgewerbe wandern kann, nachdem es seines geistigen Inhaltes und Sinnes verlustig gegangen, seelenlos und konventionell geworden ist.

Ebenso wenig kommt über das formalistisch Ästhetische hinaus, wer von dem „Eindruck der lieblichen Figur der Maria" von der „herrlichen Figur des Lebensglückes", dem „Symbol des in China so bedeutungsvollen Mutterglückes und Familiensinnes" und dergleichen spricht. Der Geist der Zeit, den er anruft, ist des Herrn eigener Geist, d. h. der abstrakte Geist des heutigen relativistischen Westeuropäers, der auf Stilformen eingelernt nach einem inneren Sinn nicht fragt, als skeptischer, letzten Endes gleichgültiger Beobachter die Dinge sich von außen besieht, nach äußeren Eindrücken äußere Beziehungen sucht und immer geneigt ist, Mache und Betrug eines wenn auch dekadenten Augurentums zu wittern, weil er selbst nichts mehr weiß, nichts mehr glaubt, nichts mehr ernst nimmt. Er verkennt die Kraft der Idee, die hinter der Form liegt und ihre Kraft aus der Wesensidentität von Idee und Form in der Wirklichkeit zieht, verkennt sie, weil er sie außerhalb der Dinge sucht statt in ihnen, mit seinem Denken in der Phantasien grenzenlosem Reiche umherschweift, statt in die Dinge hineinzugehen und sie selbst in sich sprechen zu lassen. Er geht an den Problemen vorüber, die in den Phänomenen liegen, weil er sich nicht die Mühe nimmt, diese zu fragen, sie zeitlich zu unterscheiden und zu werten, sich in die Seelenzustände der Menschenbewusstseinsepoche hineinzuversetzen, aus der sie stammen. So bleibt er im Gefühlsmäßigen des Formalen; fragt er aber nach dem Sinn, der doch schließlich dahinter stecken muss, so beruhigt er sich mit dem Gedanken einer Übertragung, deren unklaren, nebelhaft unbestimmten Wegen er die innere Möglichkeit nicht nachprüft.

Das Madonnenmotiv ist Muttermotiv. Hätten Philologen und Kunsthistoriker sich das bewusst gesagt, so hätten sie sich die Theorie eines äußerlichen Übertragungszusammenhanges zwischen Maria und Kuan yin kritischer betrachtet.

Es gibt keine buddhistische Vorstellung von einem innigen Verhältnis der Mutter des Bodhisattva zu ihrem Kinde. Wohl Legenden von einer Verkündung und vom Buddha als Kind, aber nicht von einer Beziehung zwischen Mutter und Kind, wenn man von dem Besuch im Himmel absieht, den der Vollendete macht, um seiner Mutter die Erlösungslehre zu verkünden, und von dem Herabstieg der Mutter zum Bodhisattva in dem Augenblicke, wo dieser in seiner falschen Askese dem Tode nahegekommen war, beides innere Schauungserlebnisse des Meisters, der hier beim Aufleuchten der Erkenntnis seines falschen Weges die Mutter sah, die ihm zur letzten Inkarnation das physische Leben gegeben, und dort sie sah, wie er ihr die frohe Botschaft des erreichten Ziels der Buddhaschaft bringen konnte. Eine eigentliche Beziehung während des Lebens besteht nicht, Maya stirbt am siebenten Tage nach der Geburt des Kindes, ihre Schwester vertritt Mutterstelle an ihm. Rudolf Steiner hat uns die kosmisch notwendige Identität des Lebensablaufs aller Gottmenschen kennen gelehrt und uns durch ein richtiges Lesen der Evangelien in die wahre Familiengeschichte des Jesus von Nazareth hineinblicken lassen, der nach dem Tode der eigenen Mutter von deren Schwester erzogen wurde und sowohl zu jener wie zu dieser eine innere Beziehung besaß. Die buddhistische Lehre weiß nichts weiter von Maya und nichts von ihrer Schwester zu sagen; die mit dem Kinde dargestellte Frauengestalt heißt nicht Maya sondern Kuan yin – über Indien wird noch zu sprechen sein. Die Stellung der Frau und Mutter bleibt im Buddhismus ganz allgemein eine untergeordnete: Nach des Buddha Tode wird dem Jünger Ananda vorgeworfen, er habe Frauen gestattet, über dem Leichnam ihre Tränen zu vergießen und ihn dadurch zu verunreinigen; der buddhistische Mönch darf seine eigene Mutter nicht berühren, ja er darf sie wenn sie in eine Grube gefallen ist, nur mit Hilfe seines Stockes herausholen. Von Kuan yin andererseits spricht es eine Legende ganz klar aus, dass sie weder Mutter noch Frau ist, dass sie im Gegenteil, weil sie nicht heiraten wollte von ihrem Vater getötet, in dem Augenblick durch den Himmelsgott in die Unterwelt entführt wurde und hier die Leiden der Verdammten durch die Macht ihres magischen „Gebetes" löschte, die Hölle zum Paradiese wandelte, worauf sie vom Höllenkönig freigegeben wurde und auf die Insel P´ut´o ging, wo sie als Kuan yin noch heute verehrt wird. Eine andere Legende spricht von drei badenden Nymphen und einer plötzlich erscheinenden, auf sie zuschwimmenden Frucht; eine von ihnen aß die Frucht, wurde schwanger und gebar einen Knaben, der später lange über China herrschte. Es ist durch nichts gerechtfertigt, das Phänomen Kuan yin glatt als Mutter mit dem Buddhakinde zu erklären.

Man hat sich dann die Sache so zurechtgedacht, dass die christlichen Missionare sich den Zugang zum „Heidentum" erleichtern wollten, Vorstellungen sich zunutze machten, die sie in ihm antrafen, und Maria, nicht als Gottesmutter, sondern als Gnadenmutter, als die tröstende helfende mütterliche Schützerin des Menschen in seiner Lebensnot den Chinesen zeigten, weil sie unter deren Göttern eine ähnliche Gestalt in Kuan yin vorfanden. Man überschätzt den jungen und kurzdauernden Einfluss des Christentums, man macht sich den Vorgang einer solchen Übertragung nicht konkret klar. Ich gestehe, ich war immer misstrauisch, wenn ich las, die Griechen fanden ihre Götter in Ägypten wieder, und ähnliches. Das schienen mir immer merkwürdige Funde, die land- und sprachfremde Einwanderer da gemacht haben sollten, es däuchte mir immer höchst unwahrscheinlich, auf gleichsam touristisch-flüchtiger Beobachtung eine Göttererkenntnis begründet zu sehen. Merkwürdig wenigstens, so lange man glaubt, dass die Götter menschliche Konstruktionen sind. Anders, wenn man einsieht, dass jenes Wiedersehen nicht zwischen Gedankenphantasiegebilden sich abspielt, sondern zwischen unmittelbar angeschauten Wirklichkeiten, ein direktes Sehen und Wiedererkennen einer und derselben göttlichen Wesenheit in ihrer geistigen Welt, die von den einen so, von den anderen so geschaut und erlebt wird, die selbst ihr Bild wechselt, weil sie sich ändert, aber doch immer eine und dieselbe Wesenheit ist und bleibt. Dann fällt mit einem Male der Schleier des Merkwürdigen und Unwahrscheinlichen, die Dinge zeigen sich im klaren Tageslichte natürlichen Geschehens. Wer aber löst den Schleier? Die Wissenschaft, die menschliche Abstraktionen registriert und kombiniert kann es nicht, nur diejenige Wissenschaft kann es, die mit den gleichen exakten naturwissenschaftlichen Methoden die objektiven Wirklichkeiten jenseits der mit unseren gegenwärtigen Sinnen wahrnehmbaren Welt erschließt, die anthroposophische Geisteswissenschaft.

Kuan yin mit europäischem begrifflichen Denken als Abstraktion der Gnade, Milde, Barmherzigkeit gefasst, erschließt sich dem Wahrheitssucher nicht, sondern lockt ihn lächelnd auf Holzwege der Überschätzung eigenen Wertes und der Unterschätzung fremder Werte, die hier doch immerhin die uralte geistige Kultur eines Halbmilliardenvolkes vertreten. Sie weiß sich tiefer im chinesischen Seelenleben verankert als die tiefsinnigste Abstraktion es vermöchte; sie weiß, dass es anderer Hebel und Schrauben bedarf, um ihre gewaltige Bedeutung im fernen Osten zu verstehen. Ist sie doch dem chinesischen Menschen allmählich für seine Erlösung so wesentlich geworden wie der Buddha selbst, wenn nicht wesentlicher, und der buddhistischen Lehre einer der „drei starken Nothelfer", ihre mächtigste Stütze und Hilfe. Die Wissenschaft erklärt das aus der heutigen Entwicklung des volkstümlichen Buddhismus, das heißt aus dem Absinken einer reineren Abstraktion der Begriffe Barmherzigkeit und Gnade in grobsinnliche platt-alltägliche, kindlich-abergläubische Vorstellungen von einer menschlich fühlenden, in menschlichen Formen gedachten, mit Symbolen ausgestatteten Göttin. Sie sieht in diesen Dingen überall einen Rückfall in alte Zeiten der Menschenkinderjahre, während sie in Wirklichkeit umgekehrt die Erhaltung und Bewahrung allerdings alter Bewusstseinszustände aber solcher eines Wissens vom Geiste bedeuten, allerdings eines Kindheitszustandes aber in dem Sinne, als das Kind der Unmittelbarkeit der geistigen Welten näher steht als der verstandesstolze Erwachsene. Der volkstümliche Buddhismus ist nicht in einen lächerlichen Aberglauben zurückgefallen, sondern er hat sich aus älterer Zeit ein Schauen realer geistiger Wesenheiten erhalten und aus innerem Erlebnis heraus in imaginativen Bildern vor das physische Auge gestellt. Ganz altes Wissen ist es, was dem Kulte Kuan yins zu Grunde liegt, altes, heiliges Feuer, nicht ein verirrter Funke aus dem Strohfeuerehen einer Missionsarbeit, deren opfernde Hingabe an einen Versuch mit untauglichen Mitteln vertan wird, weil sie so wenig wie die philologische Wissenschaft Geistesaugen hat, um die Realitäten hinter den Dingen, Wesen, zu sehen und deshalb nicht weiterkommt als sich auszumalen, wie die östlichen Menschen sich aus Not und Sehnsucht einen sinnlich menschlich gedachten Götterhimmel und eine ebenso phantastische Teufelshölle zurechtgemacht haben. Sie fabriziert sich rechte Münchhausiaden; oder was ist es anderes, wenn die Menschen sich aus dem Elend ihres Erdenlebens herauszuheben suchten: und zu dem Zweck sich selbst göttliche Wesen ausdachten, die ihnen dabei helfen und sie erlösen sollten? Selbstgeschaffene Kreaturen, die taten, was man ihnen auftrug: der Schopf Münchhausens, an dem er sich selbst aus dem Sumpf herauszieht.

Nicht viel anders verfährt die Wissenschaft, wo sie für den Buddhismus einen analogen Vorgang wie für das Christentum annimmt, das heißt eine ausgeklügelte Missionstaktik, die ihre Bekehrungsversuche durch die geschickte Ausnutzung vorbuddhistischer Kultgestalten unterstützte. Kuan yin ist nach allgemeiner Ansicht der nach Indien gebrachte und ins Chinesische übersetzte indische Bodhisattva Avalokitecvara-Padmapani: die buddhistischen Missionare fanden in China eine weibliche Gottheit Miao-Chen vor, sahen an ihr ähnliche Züge wie an dem männlichen Avalokitecvara und erklärten das den Chinesen aus der Verwandlungsfähigkeit ihrer Götter, die nach Belieben jegliche Gestalt annehmen könnten, sowie als eine Bestätigung der buddhistischen Lehre, die immer ein und dieselbe und die alleingültige, jetzt von Gautama in alter Reinheit von neuem gepredigt, aber vorher bereits von anderen Buddhas verkündet und so auch in China gelehrt worden sei. Nach der europäischen Wissenschaft stand dahinter die Ansicht, – die sie nämlich selbst hat und über die sie nicht hinauskann –, die Chinesen hätten sich in allerkindlichster Unschuld eine abstrakte Personifikation der Barmherzigkeit und mildtätigen Gnade ausgedacht, eine Symbolisierung, um sich einen Halt und einen Trost in ihrem Daseinsjammer zu schaffen (Münchhausen!): Je nach der Art des Lebensunglücks diktierten sie der Gottheit konkrete Wirkungen, so der Miao-Chen die Beseitigung der Kinderlosigkeit, die in der Anschauung und für das Zeremoniell des chinesischen Ahnenkultes ein besonders tiefes Unglück der Familie wie des Einzelnen ist; die Ungebildeten glaubten an die wirkliche Existenz eines solchen Wesens, das in Wahrheit nur erfunden sei, damit sie ein geeignetes Objekt für ihren Kult bekämen, eine Schutzpatronin für die Mütter hätten, die sich Kinder wünschten. Verwandte Gottheiten sind Ma Tso Po, die Schutzheilige der Seeleute, und die sogenannte Schicksalsmutter, die Schützerin der Kinder, Herrin über alle einzelnen Schutzengel, die je über ein Kind von dessen Geburt bis zum 16. Lebensjahre wachen, alles Abstraktionen, alles selbstgeschaffene Nothelfer Münchhausenscher Familienverwandtschaft!

In Bezug auf die Madonnenfrage steckt dahinter die konsequente Logik, nicht nur sei der Marientyp nicht das Vorbild Kuan yins, sondern er sei selbst gar nicht ursprünglich christlich, er sei vielmehr Ausfluss des fraulich-mütterlich-generativen Gedankens wie er in Kybele (griechische Göttin) und anderen Gestalten sich ausgeprägt hat. Die Sache sei also eigentlich gerade umgekehrt, wie der erste Blick auf die formähnlichen Bilder Marias und Kuan yins vermuten ließe.

Solche Anschauungen verkennen ganz den Bewusstseinsunterschied zwischen dem europäischen Gelehrten von heute und dem buddhistischen Missionar vor rund zweitausend Jahren, beschuldigen diese der gleichen trockenen abstrakten und doktrinären Denkweise, der gleichen relativistischen Gesinnung und Selbstüberschätzung, wie sie heute bei uns herrscht. Das Problem Kuan yin lösen sie nicht. Es erweitert sich im Gegenteil von der Formel Kuan yin – Madonna zur Frage nach dem Wesen Kuan yins überhaupt und stellt eine ganze Reihe neuer Fragen heraus, die von der Wissenschaft entweder gar nicht gesehen oder nicht angepackt oder mit Behutungen abgetan werden, denen keine Beweise mitgegeben sind. Es ist richtig, dass die buddhistischen Missonare in China einen Kult vorfanden, aber wem galt er, wer war Kuan yin-ähnliche Wesenheit? Wer ist Avalokitecvara und wie ist das wahre Verhältnis zwischen beiden? Wie ist es mit der Gleichsetzung beider, wo doch im vierten Jahrhundert schon der chinesische Mönch Fä-Hien im indischen Kloster Muttva die Mahayana-Schüler an Kuan yin Opfer bringen sah? wo Avalokitecvara als Dhyanibodhisattva, Kuan yin als Bodhisattva angesprochen wird? Was bedeuten in Wirklichkeit diese beiden Begriffe? Wie besteht vor solcher Gleichsetzung die tibetanische Darstellung des Avalokitecvara mit dämonischen, ja tierischen Zügen? Wie die Beziehung von Avalokitecvara und Padmapani, die bald identifiziert, bald ausdrücklich unterschieden werden, so dass es eine Mehrheit von Padmapanis gibt, unter denen Avalokitecvara nur der Padmapani von Tibet ist oder auch umgekehrt Padmapani die Wiederholung des Avalokitecvara, seinem Dalai Lama von Tibet erscheinende Wiedergeburt? Wie soll man begreifen, dass jene

Gleichsetzung eine Wandlung vom männlichen Typ zum weiblichen erträgt, die man allgemein behauptet? Man versteht, dass ob so vieler Fragen die Wissenschaft verzweifelt ausruft „das Problem Kuan yin bleibt ein Rätsel". Sie kann nicht anders, weil sie im sinnlich anschaubaren Formalen bleibt, und ihre meisten Vertreter haben sich das unbequeme Fragen nach dem Warum deshalb bereits abgewöhnt. Und wer fragt, nun, der verzweifelt eben.

Es ist bekannt, dass die bildende Kunst des Buddhismus den Buddha-Typ aus dem griechischen Kulturimpuls entnommen und dem Apollon der hellenistischen Plastik nachgeformt hat, und man erklärt das aus dem äußeren geschichtlichen Verlauf der Dinge in Asien seit dem Alexanderzuge. So kann man's erklären, aber zu einem letzten Verständnis kommt man damit nicht. Das letzte Warum für die Aufnahme des Apollontyp durch den buddhistischen Künstler bleibt unbeantwortet, solange man nicht mit der Frage an die Wirklichkeit der geistigen Welt wendet. Rudolf Steiner hat diese Frage an die geistige Welt gerichtet und gibt uns deren Antwort in der Erkenntnis, dass die Apollon-Gestalt der Griechen der Rest eines alten Wissens vom Bodhisattva alteuropäischer Vorzeit ist, der ein Lehrer der Menschen war, sie in musikalischer, rhythmischer Sprache unterwies und in seinem „Sohne" Orpheus als eine Buddha-Wesenheit wieder erschien, Deshalb also, weil die alten buddhistischen Weisen und Künstler hellseherisch in der geistigen Welt Apollon als einen gleichen Lehrer der Vorzeit unmittelbar schauten, nahmen sie seine sinnliche Gestalt aus der griechischen Kunst auf, um ihren eigenen Meister vor das Auge der Gemeinde zu stellen. Sie konnten das aber wiederum erst dann und erst deshalb tun, weil ihre eigene physische Organisation an einem entsprechenden Entwicklungspunkte angekommen war. Bis in das Physiologische hinein führt die Geisteswissenschaft den Beweis selbst für die kunstgeschichtlichen Zusammenhänge: In noch älteren Zeiten lebten die Menschen mit ihrer ganzen Wesenheit das Leben der geistigen Welt mit, die Spiegelungen dieses Erlebens glänzten in Wort und Sprache und Dichtung und Musik, im Rhythmus des Sprechens, Singens und Tanzens auf. In der hellenistischen Zeit hatte sich ihr Auge gegen die physische Umwelt soweit aufgeschlossen, dass ihr Erlebnis des Eigenkörperlichen sich zu plastischen Formen verdichtete und ihre Schau des geistig Wirklichen durch die Imagination zur künstlerisch schöpferischen Tat erstand. Darum konnte jetzt der Augenblick eintreten, an dem der Künstler vom symbolischen

Andeuten des Buddha durch die Darstellung nur seines Thrones oder seiner Füße – gefühlvolle Ästhetik möchte es als eine zarte Scheu, als eine feine seelische Scham deuten wollen, es ist aber physiologische Bedingtheit, ist notwendige Erscheinung einer bestimmten Stufe der Entwicklung des menschlichen Bewusstseins – zum vollmenschlichen figürlichen Bildgestalten vorschritt. Physische Organisation, genügend vorbereitet, und übersinnliche Schau der Bodhisattva-Sphäre, richtig bewusst geworden, trugen als wahre geistige Urgründe die griechische Kunst als sogenannte gräco-buddhistische Kunst oder buddhistische Spätantike nach Indien und dem ferneren Osten, die Eigenart und Konstanz des östlichen Bewusstseins wandelte den Typus vom hellenischen zum spezifisch asiatischen um.

Von Kuan yin gibt es aus der ersten Hälfte des ersten Jahrtausends Darstellungen, die von einem analogen Zusammenhang mit der griechischen Antike sprechen. Auch sie kann man nur aus analogen geistigen Wirklichkeitsbeziehungen verstehen; formale, geographische, zivilisatorische Übertragung bleibt eine verwaschene Vorstellung, wenn nicht ein leeres Wort.

Ein gleiches Untertauchen in das Phänomen bis zu seinem geistigen Kern verlangte die Gestalt des Avalokitecvara, der als Vorbild Kuan yins, wie diese also als Wesen der liebenden und barmherzigen Gnade gefasst wird. Man hat richtig gesehen, dass der Gnadenbegriff mit der altbuddhistischen Selbstverantwortung und Selbsterlösung nicht recht stimmt, und hat richtig auf die schismatische Scheidung der Buddhisten im ersten vorchristlichen Jahrhundert aufmerksam gemacht. Vom „kleinen Fahrzeug" der südlichen Schule, die ihren alten strengen Grundsätzen treu blieb, trennte sich „das große Fahrzeug", die nördliche Schule und lehrte das Nirwana mehr als das anschaubare Fortleben der Erlösten in einem lichten Paradiese zu Füßen und im Umkreise des strahlenden göttlichen Buddha denn als das Untertauchen in bewusstseinsverlöschtes „Verwehen", unterbrach bis zu einem gewissen Grade den unerbittlich starren Kreis der Wiedergeburten und der Erlösung aus eigener Erkenntnis durch die Verkündung eines tätigen Mitleids, einer erbarmenden Gnade der geistigen Mächte. In dieser nördlichen Mahayana-Schule, die in Indien entstand und Tibet, China, Korea, Japan ergriff, erscheint nun die Gestalt des Avalokitecvara als des Vertreters jener göttlichen Barmherzigkeit, die den Menschen Erlösung verheißt und die in dem Maitreya Buddha, dem zukünftigen Buddha, eine messianische Hoffnung aufrichtet.

Wie erklärt man sich nun jene schismatische Wandlung des Buddhismus und Gründung der nördlichen Schule? Man sagt, die Menschen konnten die Reinheit der Lehre nicht mehr fassen, das heißt sie froren auf den eisigen Höhen ihrer grandiosen Einsamkeit eines Sichselbsterlösenwollens, sie verzagten vor dem Ziel, erlahmten, ermüdeten, brachen zusammen und schauten sich nach Hilfe um; sie – erfanden die Bodhisattvas, Wesen, die erreicht hatten, was sie selbst nicht erreichen konnten, und heischten von ihnen, sie sollten ihnen den schweren Weg erleichtern, ihnen zur Erlösung verhelfen. Aber wie? Blenden hier nicht leere Worte, um einem Fragen nach dem Warum vorzubeugen? Lassen sie nicht trotz scheinbarer Wärme kalt, weil diese Wärme auf dem Papier steht, wie die Zeichnung eines Ofens? Wie nur der wirkliche brennende Ofen, nur die wirkliche strahlende Sonne wärmen können, nicht ihre Bilder, so könnten keine ausgedachten Begriffsschemen jene Stärke überzeugungstreuer, vertrauender Hingabe im jahrtausendealten Kuan yin-Kult erzeugen und erhalten, sondern nur die Wirklichkeiten liebender Götterwesen, die im Menschen sich zum anschauenden Wissen von der Wirklichkeit göttlichen Da-Seins wandelten. Wer nicht Realitäten der geistigen Welt sieht oder anerkennt, wird sich niemals über ein labyrinthäres Theoretisieren erheben und niemals letzte Antworten geben können.

Warum denn konnten die Menschen der Zeit der Mahayana-Gründung nicht die alte Lehre mehr ertragen und warum waren nur die nordischen Völker am Ende, nicht die Singhalesen, Siamesen, Malayen? Man denkt an seelische Schwäche, Willenserschöpfung, Versagen und Entsagen vor der schweren inneren Aufgabe, und doch handelt es sich um etwas ganz anderes. Ein merkwürdiges Wort jener Zeit macht uns aufhorchen. „Es ist nötig, dass ich die Last aller Kreatur trage, ich muss mein Ich zum Pfande geben und muss das ganze All loskaufen von den Wanderungen durch die Wildnisse von Hölle, Tierreich, Totenwelt". Das klingt gar nicht nach einem Ende, sondern im Gegenteil, nach einem neuen Anfang. Die Wissenschaft stellt einfach den Unterschied von nördlicher und südlicher Schule fest: diese lehre die Erlösung für sich selbst, jene die Erlösung für die Menschheit durch den einzelnen! Aber woher kommt dieser Gegensatz, der da plötzlich im ersten Jahrhundert vor unserer Zeitrechnung auftritt?

Darüber vermag nur die übersinnliche Schau der Geisteswissenschaft Auskunft zu geben. Sie sieht, dass mit dem Christusereignis ein Umschwung in der Menschheits- wie in der Weltentwicklung, in der physischen Welt wie in der geistigen eingetreten ist, dass der Herunterstieg des Christus aus dem Kosmos zur Erde von den Eingeweihten in der letzten

Zeit vor dem Eintritt in den Jesusleib bei der Taufe im Jordan unmittelbar geistig geschaut wurde, dass geistige Wesenheiten im Umkreise des Christus sichtbar wurden, die von ihm erkraftet, unter seinem Einfluss sich selbst wandelten und ihr neues Wissen vom fleischwerdenden Weltenwort an die Menschheit weitergeben sollten. Zu ihnen gehörten außer Wesen höherer Hierarchien die Bodhisattvas. Schon der Buddha selbst war ein Führer zum Christus gewesen. Er wusste – so sah es Rudolf Steiners geistiges Auge –, inspiriert von höheren planetarischen Geistern, dass ein Christus kommen werde, und dass er selbst schon als einer aus der Gesamtheit der Bodhisattvas ein Stück kosmischen Wissens, einen Teil der kosmischen Christusindividualität in sich trage. In die geistige Welt nach Erfüllung des letzten Erdenlebens zurückgetreten, erlebte er das Nahen des Christus mit, er nahm vom Christus in seine eigene Wesenheit auf, was er vordem noch nicht besaß, die menschen- und welterlösende Liebe, die mehr ist als nur Mitleid, und den Keim zu einer Ichbewussten Persönlichkeit. Beides entwickelte er in der geistigen Welt weiter, mit beidem wirkte er auf die physische Welt, auf seine asiatische Welt herunter. Freilich, er traf immer nur auf asiatisches, auf östliches Bewusstsein, auf Seelen, die einer anderen physischen Organisation zugehörten und selbst ganz anders entwickelt waren, als die westlichen, die europäischen, und deshalb zum Christus, zum entschiedenen Ich-Impuls nicht durchdringen konnten. Er vermochte nur, die Seelen auf den Christus vorzubereiten.
Wohl kam es zu Unterschieden innerhalb der östlichen Welt selbst, aber sie blieben zu gering, um zur Christuserkenntnis bewusst machen zu können, sie reichten nur aus, die Wesenheiten um den Christus herum schauen zu lassen: die südlichen Menschen schwammen in ihrem pflanzenhaft ätherischen Lebensstrome, in den die Welt mit Sternenaugen hineinblickt, und dem sie sich in traumhafter Unbewusstheit überließen, und trugen den Buddhismus, wie er ihnen vom Norden gebracht war, unverändert weiter; die nördlichen Menschen änderten, festigten ihre Organisation und machten sich an ihr die Anschauungen bewusst, die ihre alte hellseherische Fähigkeit ihnen vermittelte. Sie sahen die Bodhisattvas und die über ihnen Wesen den Geister, die in den Ausstrahlungen des Christuslichtes in der geistigen Welt gleichsam neu erwachten und die ihnen nun in liebendem gnädigen Erbarmen Erlösungsverheißung entgegenbrachten. Immer war es der Osten, der den Bewusstseinszustand bestimmte, daher meinte die Erlösung nicht restlose Sündenvergebung im kirchenchristlichen Sinne, sondern Befreiung aus der Hölle, nicht zum Himmel, sondern zum

irdischen Leben, Befreiung aus der Fessel, die sich die Seele durch ihre Sünden um das Karma ihrer Wiedergeburten geschmiedet hat, Wiederöffnen des Zugangs zur unterbrochenen Reihe der Inkarnationen, Wiederherstellen der Möglichkeit in einem neuen Leben sich zu bessern und von neuem den Aufstieg zum Menschheitsziele, zu jener Vollkommenheit zu versuchen, die weiterer Verkörperungen in der physischen Welt überhebt. Zu den Höllenverdammten geht deshalb der Weg des „erbarmungsreichen Bodhisattva Avalokitecvara, der die Armen der Hölle Avici durch sein bloßes Erscheinen von ihrer Qual befreit".

Eine wirkliche geistige Wesenheit ist Avalokitecvara „der herabschauende Herr", der für die äußere Wissenschaft vom ersten Jahrhundert v. Chr. ab „in der Literatur erscheint", ohne das sie weiß warum es so ist, der für die Geisteswissenschaft von dieser Zeit an den eingeweihten wissenden Buddhisten sichtbar wird, weil er in der geistigen Welt mit dem herabsteigenden Christus zusammengetroffen war, von seinem Impuls aufgenommen hatte und nun sich den Menschen zeigte, mit ihnen sprechen, sie lehren und leiten wollte. Die Menschen konnten ihn sehen, weil sie ihre Organisation bis zu einem genügenden Grade der Bewusstheit entwickelt hatten, sie konnten ihn aber nur sehen, weil er selbst ihnen liebend entgegenkam, was er wiederum tat, weil er mit dem Christusimpulse in Berührung gekommen war, er der „Allerbarmer", „Freund und Beschützer aller belebten Wesen", „Padmapani, das ist der mit der Lotosblume in der Hand, der aus einer Lotosblume zur Erlösung der Menschen gekommen ist", Leiter der Inkarnation, Vorsehung, Schicksal, Vormund, Hüter des Glaubens, Lenker der Kirche, Stellvertreter des Buddha nach dessen Eingang in das Nirwana, und wie seine Beinamen alle sind.

Schon einmal hat er den Versuch zur Erlösung der Menschen, deren Leiden und Sünden ihn mit Mitleid erfüllen, gemacht und ist nach vollbrachtem Werk aus der Welt der Sinne in die geistige Welt zurückgekehrt. Aber wie er sich umschaut und auf die Welt zurückblickt, sieht er schon wieder die Höllen mit Verdammten gefüllt und stürzt voll Verzweiflung zu Boden, der Kopf zerplatzt ihm. Amitabha richtet ihn auf, setzt ihm statt des zerplatzten Kopfes dreizehn Köpfe auf und in dieser allsehenden Form setzt Padmapani sein Erlösungswerk fort, indem er sich im Dalai Lama, im tibetanischen Papst verkörpert – dreizehn neue Köpfe! Das will sagen, das alte rhythmische Bewusstsein des Gefühlslebens wird überwunden, stärkere Kräfte, Bewusstseinskräfte aus dem Christusimpulse geschöpft treten in ihn hinein.

Er ist das „Meer der Barmherzigkeit", der Heiland, der fast größere Verehrung genießt als der Buddha selbst – soll ihm doch nach der Legende der erste buddhistische Kult gewidmet, das erste Bildnis errichtet sein, ein uraltes von selbst entstandenes, das der König vom äußersten Süden von den Ufern des Singhala-Meeres kommen ließ –, er kann jede Gestalt annehmen, die er gerade für sein Erlösungswerk an den Menschen braucht und ist dazu schon in 32 Formen erschienen. Er will die ganze Menschheit liebend und rettend umfassen und wird deshalb als der „Tausendarmige" mit mehreren Köpfen und mit vielen Armen dargestellt, die verschiedene Embleme – Lotos, Rosenkranz, Rad, Bogen und Pfeil, Buch, Flasche mit duftendem Wasser – in den Händen halten, oder mit so zahlreichen, dass sie wie ein Pfauenrad den ganzen Körper umkreisen. Es ist der Stil der Tantra-Schule, des tibetischen Buddhismus, in den der späte indische Hinduismus die bewegte Leidenschaftlichkeit seines dämonischen Trieb- und Willenslebens hineingoss. der Stil eines massiv und naiv zugleich nach außen drängenden plastischen Sichaustobens stärksterlebter Körperlichkeit. Daneben gehen Formen der buddhistischen Spätantike zum Teil mit schnurrbärtigem Typ des skythischen Porträteinschlags. Formen, die, wie in der Geschichte des Buddha-Bildes das Apollon-Vorbild vom indischen Bewusstsein später zu eigenen Stiltypen gewandelt ist, so aus einem bis zur stutzerhaft gepflegten, parfümierten Koketterie veräußerlichten hellenistischen, lebengenießenden Gefühl herausgehoben, zum lebenüberwindenden Wissen verinnerlicht in die geistige Wärme meditativer Versenkung getaucht wurden. Das Rassenhafte der kunstschaffenden Völker gab den Rahmen her, so dass turkestanische (sartische), indische, mongolische, chinesische, japanische Köpfe die anthropologische Grundlage des Seelischen stellen, ohne freilich die antike Tradition gänzlich fernhalten zu wollen oder überwinden zu können.
Eine wirkliche geistige Wesenheit ist Avalokitecvara, so wirklich, dass aus der Zeit um 600 der allgemeinherrschende Glaube berichtet wird, die Buddhalehre werde erlöschen, falls einmal der Leib des Avalokitecvara unsichtbar geworden sei! Die materialistische Wissenschaft geht über solche klaren Worte einfach hinweg, erklärt die geistigen Wesen samt und sonders für „Ausgeburten der Scholastik, hohle Abstraktionen ohne Fleisch und Blut, phantasievolle Erfindungen, an die ihre Urheber selbst nicht geglaubt haben", und tut mit einer Handbewegung das eigenste tiefste und innerlichste Seelenleben ungezählter Menschen hochmütig ab. Läse sie Worte wie jene über Avalokitacvara mit aufmerksamer Devotion, so müsste

sie zugeben, dass er „leibhaftig" lebt, dass er angeschaut werden kann und wird, dass er einst nicht mehr geschaut werden wird und – folgerichtig – früher einmal noch nicht geschaut worden ist, mit anderen Worten, dass er und der Buddhismus kommen und gehen, dass sie Wandlungen, Entwicklungen, Werde- und Sterbeprozessen ausgesetzt sind, dass es all das, was die äußere Naturwissenschaft hier im Physischen an Entwicklungsgesetz anerkennt, auch im Geistigen gibt, dass Ideen nicht frei in der Luft schweben, sondern untrennbar mit konkreten geistigen Wesenheiten zusammenhängen. Wenn man Phänomene nicht so sprechen lässt, dann hört man allerdings nur seine eigenen Worte und darf Nachrichten aus der Welt der Wirklichkeiten nicht erwarten. Es nützt nichts, wenn Bewunderer der buddhistischen Kunst von „mehr als sinnliche Realitäten", von „innerem Erleben", von einer Welt „voller Liebe" sprechen, denn sie sehen nur Bodhisattvagedanken, nicht Bodhisattvas; nur „Sinnbilder der Idee eines Gnadentums", nicht die Wesen selbst, deren Sein und Wirken Güte, Barmherzigkeit, Menschenliebe, Weltenliebe ist. Die Natur ist ihnen der Inbegriff „aller denkbaren Verhältnisse", nicht der sinnlich und übersinnlich geschauten, die Kunst bleibt ihnen sichtbare Naturabschrift, wird ihnen nicht Ausdruck der Idee selbst, nicht die gegenwärtige Erscheinung der Idee, die Fortführung der Natur durch den sich steigernden, zur Produktion des Kunstwerks sich erhebenden Menschen nach Goetheschem Wort.

Die Geisteswissenschaft klärt hier restlos auf, weil sie die objektive Wirklichkeit der geistigen Wesenheiten am Werke sieht; sie klärt auch einen Widerspruch auf, der sonst nicht als solcher, nicht einmal als Unklarheit empfunden wird und doch ganz wesenhaft ist, andererseits nur möglich wurde, weil die Wissenschaft sich ihre Begriffe konstruierte und nicht von konkreten Wirklichkeiten ausging, den Widerspruch von Bodhisattva und Dhyanibodhisattva im Avalokitecvara.

Man gibt ihm beide Benennungen, bald die eine bald die andere, als wären sie Ein und Dasselbe, aber sie sind nicht dasselbe, und darum gilt die Gleichsetzung von Avalokitecvara und Kuan yin, wenn sie nicht ein Missverständnis bleiben und das für die äußere Wissenschaft so hoffnungslose Problem Kuan yin dauernd verdunkeln soll, nur wenn über beide unter dem Gesichtspunkt des Bodhisattva-Begriffs Klarheit herrscht.

Man bestimmt den Bodhisattva bald als höchstentwickelten Menschen, der nur noch einer Wiederverkörperung bedarf, um ein Buddha werden zu können, bald als gottgewordenen Menschen; bald als mächtige Gottheit oder himmlische Kraft beziehungsweise Ausstrahlung; bald als einen Menschen, dessen Leib verbrannt, in Grabhügeln und Grabbauten beigesetzt wurde, bald als ein Wesen, das im Himmel des Westens höher als die Götter steht, zumal definiert man so die bei den Bodhisattvas neben Amida, von denen der links stehende Kuan yin ist, und die ein Licht über dreitausend Welten ausstrahlen.

Was sind sie nun in Wirklichkeit? Bodhisattvas oder Wesenheiten (sattvas) mit Erkenntnis (bodhi) sind Menschen, die durch eine lange Reihe von Wiedergeburten hindurchgegangen, in vielen Erdenleben und in vielen Zwischendaseinszeiten zwischen einem Tode und einer neuen Geburt zu immer höheren Erkenntnis- und Daseinsstufen aufgestiegen und vor der letzten Inkarnation angelangt sind, in der sie die Buddhaschaft erringen werden. In zwei abwechselnden Bahnen, die im Grunde nur eine einzige sind, läuft ihre Entwicklung, in der Bahn des Irdischen, Physischen, Sinnlich-Wahrnehmbaren und in der des Himmlischen, Geistig-Seelischen, Übersinnlich-Anschaubaren. Während jener künden sie den Menschen die Gesetze und Kräfte, die Kämpfe und Entwicklungen der göttlichen Welten; während dieser sprechen sie den Göttern von dem Wirken und Werden der Menschen, ihrem Kämpfen um den Geist, von dem sie abgefallen und zu dem sie zurückstreben, ihrem Weg zum Erdenbewusstsein, das sie erringen müssen, um mit ihm aus neuen Impulsen der Freiheit und Sittlichkeit heraus wieder zur Geisterkenntnis zurückzukehren, von ihren Zukunftshoffnungen, die zugleich die eigenen sind, weil sie den Wesen der geistigen Welt selbst für ihr Bewusstsein, ja dem gesamten Kosmos für den sittlichen Weltenplan überhaupt erstehen.

Wechselseitig hin und her zwischen göttlicher und irdischer Welt geht so der Weg und das schaffende Wirken, jede von beiden hat für die Entwicklung ihre eigene Aufgabe, die Synthese ist das Ziel. Die Bodhisattvas arbeiten an diesem Ziel als Lehrer, als Lehrer der Götter in der geistigen Welt für die physische, als Lehrer in der physischen Welt für die geistige. Immer sind sie Lehrer. Rudolf Steiner weist mit Nachdruck auf dieses Lehrertum hin, in welchem der einzelne Bodhisattva als Verkörperung des Urweisheit-Bodhisattvageistes unter einem Volke auftritt, es die wahren inneren Zusammenhänge des Weltalls, die wahre Wesenheit des Menschen lehrt und ihm so die Religion bringt. Wie recht er hat, zeigt das chinesische Hwa-yen-king der Mahayana-Literatur, das von China als dem Lande spricht, in welchem in alten Zeiten viele Bodhisattvas als Lehrer des Volkes bestellt waren.

Götter und Menschen, das geht in allem, was die Quellen über Bodhisattvas berichten, durcheinander. Mit materialistischer Wissenschaft kann man das nie verstehen, nur die Geisteswissenschaft, die von den Zuständen zwischen Tod und neuer Geburt und von der Wirklichkeit der Wiederverkörperungen weiß, lehrt den Sinn davon, nur sie vermag es, weil sie mit einem anderen Bewusstseinszustande als dem des heutigen Intellektmenschen in die Dinge hineinsieht. Nur ein neues Schauen, das sich in bewussten Imaginationen die geistige Welt erschließt, kann sich in die Seelenerlebnisse alter Menschheitszustände einfühlen und versteht, was es heißt: die Bodhisattvas stellten sich in freiwilligem Verzicht auf das Nirwana aus Liebe zu den Mitmenschen zu weiteren Verkörperungen bereit, betraten den positiven Pfad der Barmherzigkeit und halfen durch Liebe und Lehre den Seelen auf der Erde: denn dazu ist die Voraussetzung freie Wahl zwischen Wiederverkörperung oder Nichtwiederverkörperung auf Seiten der Seele im Leben zwischen Tod und neuer Geburt. So aber wird es von Avalokitecvara, so auch von Kuan yin berichtet!

Die Bodhisattvas waren Lehrer eines Wissens, das sie sich selbst in besonderen meditativen Zuständen erschaut hatten, in Zuständen, die sie unter Trennung ihrer Wesensglieder aus dem physischen Körper in die geistige Welt hinaushoben, und das sie sich zweitens durch die Erlebnisse während ihrer Entwicklungsperiode zwischen Tod und neuer Geburt erwarben. Beide Male war die geistige Welt die Quelle des Wissens: einmal verbanden sie sich ihr zwischen zwei Verkörperungen, das andere Mal taten sie es auf der physischen Welt während der Meditation. Was dabei künstliches Erzeugen eines Bewusstseinzustandes ist, durch Mittel der Yoga, war notwendig geworden, als die Unmittelbarkeit des Lebens im Geiste verloren gegangen war, die Menschen sich der sinnlichen Umwelt zugewandt, das Geistauge mit dem physischen Auge vertauscht hatten. Früher war es nicht notwendig gewesen, da wussten die Eingeweihten sich unmittelbar umgeben und inspiriert von höheren Wesen, da lebten die Bodhisattvas im ständigen Verkehr mit Geistern, die ihnen das Wissen zum weitergeben an die Menschheit überbrachten. Und hier bei diesen Geistern, von denen die Bodhisattvas ihre Inspirationen empfingen, setzt „die Lehre", das „System" – mit der Wissenschaft gesprochen –, setzt die Schau der sogenannten Dhyana-Wesenheiten ein.

Die Dhyanas sind, so heißt es, die Stufen der Meditation, Dhyanibuddhas sind „Buddhas der Beschauung", Wesenheiten, die auf meditativen Wege jene Buddhaschaft schon erworben haben, die der Bodhisattva erst erringen will, Urbilder, Ideen der Buddhas, in ihnen auf die physische Welt gespiegelt oder – umgekehrt, es kann so oder so sein! – von ihnen in die geistige Welt zurückgespiegelt; der Dhyanibuddha des geschichtlichen Gautama ist Amitabha [Amida]. Entsprechend haben die Bodhisattvas, die Vorstufen der Buddhas, Dhyanibodhisattvas, die logisch die Vorstufen der Dhyanibuddhas sein müssten, aber merkwürdigerweise als ihre Emanationen zwecks Stellvertretung des Buddha und Erhaltung des Kirchenregiments aufgefasst werden. Dieser Widerspruch und jene Unklarheit gehören wieder zu jenen, die aus dem Konstruktionsbureau für abstrakte Begriffe stammen und sich richtig stellen lassen nur auf dem geisteswissenschaftlichen Weg der Wirklichkeiten. Wesen der Beschauung, der Meditation sind die Dhyani. Man nehme das ganz wörtlich und es sind Wesen, die in der Meditation geschaut und erlebt werden, Wesen der geistigen Welt, die dauernd in ihr leben, die in ihr die Bodhisattvas, während die sich zwischen den Inkarnationen bei ihnen aufhalten, unterweisen und von ihr aus die wieder menschgewordenen Bodhisattvas auf Erden inspirieren, mit der bodhi, mit der Erkenntnis erfüllen; und die in der geistigen Welt nicht nur leben, sondern auch in ihr, belebt und durchgeistet von den höheren Hierarchien des Kosmos, sich entwickeln, so dass sie von Inspiratoren der Bodhisattvas zu solchen der Buddhas werden können. Entwicklung herrscht nicht nur auf der Erde, sondern auch in den geistigen Welten, sie löst das Bodhisattva-Problem.

Wer nun aber diese inspirierenden Wesenheiten in Wahrheit sind, lehrt uns wieder Rudolf Steiner, es sind die im Orient Dhyani, in der christlichen Mystik Engel genannten Vorgänger der Menschen, deren Stufe sie in einer früheren Erdepoche durchschritten haben, über sie hinausgewachsene Wesen der geistigen Hierarchien, die auf der Erde durch Inspirieren der hellsehenden Führer die Kulturimpulse an die Menschheit herantrugen, von diesen Führern umgekehrt im hellsehenden Bewusstseinszustand geschaut und als Götter angesprochen wurden. Sie inkarnierten sich nicht in Menschenleibern, sondern offenbarten sich nur durch die Menschen im Gegensatz zu den Heroen, Kulturbringern, Heilbringern, die in Menschenleibern inkarniert waren. Zu letzteren gehören die Bodhisattvas, gehören die Lehrer des alten China, von denen die Bücher sprechen, gehören die Rischis des alten Indien. Es ist falsch, von Avalokitecvara zu sagen, einmal, er sei Bodhisattva, ein andermal, er sei Dhyanibodhisattva; denn es handelt sich da um Wesenheiten verschiedener Hierarchienstufen. Ist er Dhyanibodhisattva, so ist er ein die Bodhisattvas inspirierendes, durch sie die Menschen lenkendes Engelwesen; ist er Bodhisattva, so ist er ein von solchem Engelwesen inspirierter Mensch, der seiner Zeit voraus entwickelt ist, jeweilig höher steht als die Masse, unter der er lebt, mit der geistigen Welt sich verbunden weiß und ihre Realitäten schaut, aber immerhin ein Mensch, dem die Vollendung Buddhaschaft fehlt.

Der geschichtliche Gautama schaute in der Dhyana, in der Meditation die Sternenwesenheit, die ihn mit dem letzten Wissen, von den Weltgeheimnissen inspiriert hatte; die Bodhisattvas, die Lehrer der Vorzeit, schauen in der Meditation ihren Inspirator aus der Hierarchie der Engelwesenheiten; die Menschen endlich, wenigstens die Eingeweihten, die Wissenden, die Hellsehenden unter den schaffenden Künstlern, schauen – sie beide, schauen die Bodhisattvas, ihre Lehrer der Vorzeit, in der physischen und in der geistigen Welt für die Menschheit wirken und schauen deren Inspiratoren, die Engel – die Dhäniwesenheiten, die sich nicht inkarnieren, sondern „von oben herabsehen" oder auch „angesehen werden"; es gibt beide Übersetzungen. Und beide, den Inspirator, wie den Inspirierten stellen sie im Bilde dar. Im Haar oder in der Krone der mit Avalokitecvara beziehungsweise Padmapani bezeichneten Gestalten ist eine kleine Statuette angebracht, eine sitzende, auch wohl, aber seltener, stehende Figur, die als Amitabha Buddha erklärt wird. Grünwedel stellt die Vermutung hin, diese Figur könnte etwas mit der Bezeichnung Avalokitecvara = der Herr, welcher angesehen wird, zu tun haben. Und in der Tat hat er Recht: es ist Einer, der „herabschaut", nur nicht der Buddha, sondern das Dhyaniwesen, der Engel, der seinen Bodhisattva inspiriert, und zwar in diesem Falle Padmapani, das ist „Der mit dem Lotos". Beide Übersetzungen „Der Herabschauende" und „Der, welcher geschaut wird" stimmen mit dem Tatsächlichen überein: Die inspirierende Dhyaniwesenheit schaut aus den geistigen Welten herab auf den Bodhisattva, führt ihn, unterweist ihn und andererseits schaut sie in der geistigen Welt der Bodhisattva, schaut sie in der geistigen Aura des Inkarnierten der hellsehende Mensch und Künstler.

Dass es so ist, dass es nicht der Buddha, sondern der Inspirator des Buddha ist, dessen Bild aus dem Diadem herausblickt, kann man schon äußerlich ohne weiteres an Bato Kwannon, dem sogenannten pferdeköpfigen Kuan yin erkennen, dem japanischen „Schutzheiligen des Viehs", den die Landleute verehren. Von Siebold bildet ihn in seinem großen Nipponwerke in der schiwa-ähnlichen Form des Avalokitecvara ab, ein- und dreiköpfig, mit einer flammenden Aureole, aus welcher ein Pferdekopf heraustritt. Von

Siebold fügt hinzu, der Pferdekopf sei das Attribut des Planeten Mars, das Bild stelle also den „Regenten des Planeten Mars vor, den bereits der Hindu als Bewässerer und Befruchter der Erde anruft". Mit dem Begriff des „Attributs" kann eine geisteswissenschaftliche Anschauungsart sich natürlich nicht befreunden, noch weniger begnügen; er ist erfunden, um auszudrücken, was man wissen möchte, aber nicht weiß.
In Wahrheit ist das Bild in der Aureole ein wirklich unmittelbar Angeschautes, ist ein Abbild der Wirklichkeit, ist die Nachzeichnung der vom Künstler hellsehend erblickten Gruppenseele des Pferdes, die inspirierend den Bodhisattva überschattet, erfüllt und leitet, und ihm das kosmische Wissen vermittelt, für das in den Lotosblumen über der Stirn aller drei Köpfe das Aufnahmeorgan sichtbar wird. Das Schutzheiligenverhältnis zum Pferd, zum Vieh im allgemeinen ist sekundär, die Übertragung der „Pferdekräfte", kosmischer Kräfte, wie Siebold selbst richtig gehört hat, ist das Primäre. Und sie geschieht hier durch die Inspiration seitens der Gruppenseele. Eine Gruppenseele, vom Künstler geschaut, ist es auch, was den Kopf der „Nachkommen verleihenden Göttin" Tai-sun niang-niang krönt (Bild 5), ein Hahn oder ein Pfau wohl besser dessen Rad wie eine Wand von zuckenden Flammen aufsteigt, und dem Körper des Tieres einen breit schützenden Hintergrund stellt. Gruppenseele auch, was eine japanische Figur des Leidener Reichsmuseums (Bild 8), die früher als Avaloktitecvara galt, jetzt als Aizen-Myo-o oder Ragaridyare ja (Sanskrit) = der in Liebe getränkte König der Kenntnis bezeichnet wird, ohne Zweifel aber mit jenem innerlich zusammenhängt, als eine Art Helmkrönung auf dem Kopfe trägt. So ist die Gestalt in den Diademen buddhistischer Wesenheiten deren Inspirator und so ist es für Padmapani der Avalokitecvara. Mit ungeheurem wuchtigen Schwung hat der Künstler einer Bronzefigur des Berliner Museums (Bild 11) die Verbindung beider erlebt, das erste Armepaar hebt sich aus den physischen Maßen der übrigen heraus und lässt sich von seinen übersinnlichen Kraftströmen in letztmöglicher Streckung über den obersten der in vier Reihen übereinandergetürmten Köpfe tragen, um mit den schlanken Händen eine auf Lotosblumenkelche thronende Gestalt zu halten. Wie ein Jauchzen und Jubeln klingt es aus der himmelwärts steigenden, vom Irdisch-körperlichen sich lösenden Geste. Ein verwandtes Erleben schuf ganz ähnliche Bilder auf Fresken altägyptischer Totenkammern jene sehnsüchtig von der Erde zur Sonne sich reckenden schlanken Riesenarme die betend, opfernd sich emporheben, Sonnen und mit Sonnen spielende

Gestalten tragen: übersinnliche Erlebnisse des kosmischen Seelen-Seins nach dem Tode.

Beide, Padmapani und Avalokitecvara, werden zugleich identifiziert und unterschieden, ein Widerspruch, der sich daraus löst, dass ihr Verhältnis zueinander eben dasjenige des Inspirators und des Inspirierten ist. Um ganz klar zu bleiben, muss man überall da, wo der Bodhisattva, der Lehrer gemeint ist, Padmapani, überall da, wo dessen eigener Inspirator, das Dhyaniwesen gemeint ist, Avalokitecvara sagen.

Wie der Bodhisattva, unter dem Buddha, so steht Avalokitecvara entwicklungsgemäß in der geistigen Welt unter dem Wesen, das der Buddha in seiner meditativen Versenkung unter dem Bodhibaume als das Urbild erschaute, das er erreicht hatte. Er ist nicht die Emanation des Dhyanibuddha, nicht „aus Strahlen entsprungen, die vom Haupte des Amitabha ausgehen", sondern ist eine Emanation der kosmischen Urweisheit und wird dereinst des kommenden Buddha Dhyanawesen sein, nachdem er sich genügend selbst in der geistigen Welt fortentwickelt hat.

Wie aber ist es nun möglich, dass er, der erst später einst einen Buddha wird inspirieren können, der heute nur erst den Bodhisattvas, den noch nicht Vollendeten, ein vorbereitendes Wissen gibt, eine so große Rolle im Buddhismus spielt, eine Bedeutung hat und eine Verehrung genießt, die derjenigen des Buddha sowohl wie dessen Dhyanibuddha gleichkommt, wenn nicht gar sie übertrifft? Auch diese Frage kann nur die Geisteswissenschaft beantworten, weil sie die Weltenentwicklung bis in die Wesenheiten der geistigen Welt hineinverfolgt und weil sie in ihren Mittelpunkt das Golgathaereignis als ein kosmisches Ereignis stellt, infolgedessen sieht, dass Buddhas und Bodhisattvas in der vorchristlichen Zeit anderes Wissen haben und anders geschaut werden als in der christlichen. Wohl haben schon die Weisheitslehrer des alten Indien, die Rischis, wie Rudolf Steiner uns übermittelt, durch ihre Inspiratoren vom Christus gewusst, denn sie haben gesagt, er sei über ihrer Sphäre, so dass sie ihn nicht erreichen könnten, aber ein anderes Wissen kam zu ihnen, als der Christus nun wirklich in ihre Sphäre, als er in die Erdenaura eintrat und nach seinem Erdenleben und Auferstehen dauernd in dieser Erdenaura verblieb. Damals lebten ihre Seelen in der geistigen Welt und standen mit den Dhyaniwesenheiten und Bodhisattvas unter dem Einfluss des Christus, lernten und bildeten und entwickelten sich an ihnen, da sie berufen waren, in späteren Epochen der Weltgeschichte wiederum Führer – in veränderter Wissens- und Seelenlage – aber wiederum Führer der: Menschheit zu werden.

In der allgemeinen Weltentwicklung und in der besonderen Phase dieser Entwicklung durch den Christus steht der Dhyanibodhisattva Avalokitecvara gerade an dem Punkte, wo der Christusimpuls in die Erde eintrat, er füllt sich mit ihm, und von hellem Glänzen und Leuchten durchstrahlt tritt er immer deutlicher und deutlicher den Eingeweihten der Nordbuddhisten vor das schauende Auge. Als wirkliche lebendige Wesenheit der geistigen Welt. Man sagt, er wird erst in einer späteren Zeit des Buddhismus erwähnt, aber man fragt nicht, warum das so ist. Es kann nun gar nicht anders sein, denn vorher war er nicht da, konnte also auch nicht gesehen werden. Das heißt, natürlich war er an sich vorhanden, er existierte als Dhyaniwesen oder Engelwesen, aber er war noch nicht Avalokitecvara, noch nicht vom Liebes- und Willensimpuls des Christus berührt, noch nicht der mit ihm „Herabschauende", der seine Aufgabe kannte, den zukünftigen Buddha einer neuen Erdenepoche dereinst mit den Erkenntnissen von der Welterlösung durch den Christus zu inspirieren und bis dahin die Menschen auf den Kommenden vorzubereiten; die Gedanken und Gefühle der Liebe, Milde, Barmherzigkeit, Güte, hilfreichen Fürsorge in sie tiefer und tiefer hineinzutragen. Deshalb konnte er auch noch nicht der sein, der „angeschaut wird". Er war und blieb Führer einer östlichen Welt, einer Menschheit von anderer Bewusstseinsstufe als der unserigen und konnte daher niemals den Christus als den Kern einer aus Freiheit sittlich handelnden, seines ewigen Ichs bewussten Individualität vermitteln, aber er konnte die Seelen so vorbereiten, dass sie ihn nach ihrem Tode in der geistigen Welt und in einer späteren Verkörperung auf der Erde aufzunehmen vermochten. Und das tat, er. „Hätten wir", sagt Rudolf Steiner, „zwischen dem Tode und einer neuen Geburt dieses Zusammenleben mit den Hierarchien nicht, wir könnten hier auf der Erde nicht entfalten die Kraft der Liebe. Wer dieses Zusammenleben nicht richtig lebt, entfaltet auch hier auf Erden nur eine geringe Kraft der Liebe, der allgemeinen Menschenliebe, des wirklich innigen Verständnisses des anderen Menschen". Zu solchem richtigen Leben ist ein entsprechendes vorhergehendes Erdenleben nötig. Da gilt es und dieses entsprechend zu entfalten, ist daher heute die wichtigste persönlichste Aufgabe eines jeden einzelnen, die er in eigenster innerer Arbeit zu leisten hat.

In der indischen Zeit war es dagegen die Aufgabe der Hierarchien, von außen her die Menschen zu leiten. Avalokitecvara lag es ob, ein stärkeres Empfindungsleben untergeordneter Gefühlskräfte zu wecken, das sie zur

erkennenden Aufnahme des Christus in späterer Zeit bereit macht. Aus diesem Grunde hieß er der Leiter des Kreislaufs der Wiedergeburten, der Erlösung, des Schicksals aller atmenden Wesen, wird er der Allerbarmer.
Wie eine dämmerhaft aufblinkende Sicht des sonnen- und lichthaften Umkreises, aus dem er seine Kraft zieht, leuchtet eine japanische Vorstellung auf, die in ihm geradezu so etwas wie die Sonne selbst sieht und ihm daher in der geistigen Welt eine gleiche Rolle zuschreibt wie der Sonne in unserem Weltensystem. So ist es in Wirklichkeit nicht, aber einen Widerschein von der geistigen Christus-Sonnenwesenheit hat er empfangen, und ihn gibt er inspirierend und führend an den Bodhisattva und durch ihn an die Menschen weiter. Sein Bodhisattva ist Padmapani, auf den er „herabschaut" und der ihn schaut, der von ihm die Impulse bekommt und zu ihrer Durchführung in tausend Gestalten menschliche Formen annimmt, seinem eigenen Wesen gleichsam untreu wird, aber aus opfernder Treue zu den Menschen, und seinen in langer Verkörperungsfolge errungenen Himmel aufgibt, auf die Buddhaschaft, die ihm sicher ist, verzichtet, sich dafür wiederum und wiederholt weiterverkörpert, um den Menschen durch Lehre und Tat zu helfen und die Vorbereitung auf den Christus in seinem Auftrage unter den Menschen zu fördern. Zwischen seinen Verkörperungen lebt Padmapani in der geistigen Welt und nimmt selbst an den Kraftausstrahlungen und metamorphosierenden Seelenwirkungen des Christus teil.
Wie Avalokitecvara, so lebte auch Padmapani immer schon in der geistigen Welt, wurde in ihr von hellsehenden Eingeweihten der ostasiatischen Völker immer schon gesehen und von schaffenden Künstlern dargestellt, aber in anderer Form als nun nachdem er vom christusbeschienenen Avalokitecvara seine neuen Weissagungen erhalten hatte. Nun klärt sich das Problem Kuan yin! Als die buddhistischen Missionare vom vierten Jahrhundert ab nach China kamen, fanden sie in dessen Kult eine Wesenheit verehrt welche die gleichen Züge trug, wie ihr Padmapani, und sie sahen, dass die Gleichheit davon herrührte, dass über beiden Gestalten die gleiche sie inspirierende Dhyaniwesenheit Avalokitecvara in der geistigen Welt stand; sie setzten nicht diese mit jener gleich, wie die Wissenschaft es ausdrückt und bildete aus beiden einen „interessanten alten Typ", sondern sie feierten ein Wiedersehen und riefen: „Das ist unser Avalokitecvara, der sich in dieser Bodhisattvagestalt den Chinesen offenbart", und übersetzten den Chinesen den Namen um ihnen verständlich zu machen, dass es eben die gleiche Engelwesenheit war, die sie hinter dem

Bodhisattva schauten. Die Chinesen griffen den Namen auf, den die mit soviel anderen Kultur- und Religionselementen zu ihnen kommenden Buddhisten ihnen nannten. Nicht die Wesenheit, die „Gottheit" nahmen sie von ihnen an, nur den Namen; jene schauten sie selbst, von alters her. Aber sie bekamen zugleich mit dem Namen von den buddhistischen Eingeweihten ein bewussteres Wissen von dem umwälzenden Werden in der geistigen Welt, das mit dem Christusereignis vor sich gegangen war, und so wurde auch ihr Bodhisattva, der ihnen schon lange – nicht von je, wie wir sehen werden, aber schon lange – ein helfendes gütiges führendes, nicht nur ein lehrendes Wesen war, das sie in dieser Richtung unmittelbar sich in der geistigen Welt hatten wandeln sehen, zum „allgemeinen Erretter aller Wesen, zum Welterretter". Wie in Indien so wuchs auch in China seine Bedeutung und seine Verehrung: von seiner Hand lässt sich Amitabha Buddha die Seelen zuführen, dass er sie in sein Reich der Ruhe im westlichen Paradiese aufnehme.

Wie war es in China vordem gewesen? Von der nachatlantischen – eiszeitlichen – Epoche her lebte da ein altes Wissen vom geistigen Kosmos und der Einheit der Menschen mit ihm. Weltanschauung, Wissenschaft, Musik, Dichtung bezeugen das Wissen und die Schau der Kräfte, die im großen wie im kleinen an Welt und Menschheit bauen. Im physischen Organismus des Menschen, der sich zunehmend verfestigte und verhärtete und die Kräfte deshalb nicht mehr hineinließ, spiegelten sie sich allmählich nur noch und wurden dadurch in Bildern bewusst, in jenen imaginativen Gestalten, die unsere Wissenschaft als gedankliche Abstraktion und vagierende Phantasie bezeichnet. Auf der Insel P´ut´o, die das Haupttheiligtum Kuan yins trägt, wächst „das lebenschaffende Kraut", ein Schwamm, der als sogenanntes Symbol des langen Lebens in der Kunst verwendet ist, aber kein Symbol darstellt, sondern die Imagination des Lebens selbst ist, des kosmischen, ätherischen Lebens. Die schaffenden bauenden erhaltenden Kräfte der Ätherwelt offenbaren sich als Schauungsinhalt in Legenden und in den künstlerischen Formen der Kuan yin-Darstellungen, die zu einer Wiedergabe von Imaginationen realer Geistigkeit aus dem Innererlebnis des Eigenätherischen werden. In der Legende durchsticht sich Kuan yin, als sie zur Heirat gezwungen und wegen ihrer Weigerung getötet werden soll, mit einer Haarnadel die Kehle, und das Blut, das gen Himmel spritzt, strömt alsbald als Regen zurück und löscht die Flammen ihres Klosters, das der Vater hat anstecken lassen. Die Gemälde stellen sie auf einem Felsen über einem korallen- und lotusblumen-durchwachsenen See oder am Flusse sitzend dar oder auf einem Wassertiere reitend, das Elixier des Lebens aus einem Kürbis ausgießend oder auf einer Wolke schwebend, aus der Wasser hervorsprudelt; neben ihr steht ein Gefäß mit Wasser oder mit einem Weidenbündel oder sie trägt solches Bündel oder einen Zweig in der Hand. Kunstgeschichtliche Erklärer meinen, sie wolle die Kinder gleichsam mit dem Wasser der Taufe besprengen, aber man findet auch Weidenkörbe mit Karpfen und sieht daraus, dass die Weide hier als feuchtigkeitliebende Pflanze für Wasser steht.

Andere Darstellungen zeigen Kuan yin zusammen mit schiffbrüchigen Seeleuten, die eben noch die Küste erreichen und man sagt dann, sie sei die Schutzgöttin der Schiffer – stella maris nennen sie die jesuitischen Missionare, Anastasius Kircher bringt in seinem „China illustrata" ein wunderlich komponiertes Bild von ihr, das in Europa aus dem Gedächtnis geschnitten sein mag und nur durch die Blumenvase und den anbetenden Knaben dem Wissenden sagt, dass hier von Kuan yin die Rede ist. – Aber sie errettet auch vor wilden Tieren und vor Räubern, und sie errettet, indem sie Wasser aus einer Flasche ausgießt, das zur Wolke wird und im Herabstieg die Bedrohten umhüllt. Das ätherische Element, vom Künstler als Wasser, als Meer, als strömender Fluss, als stürzender Regen imaginiert, ist die geistige Realität Kuan yins. Darum heißt sie Herrscherin über die See. Eine sehr bemerkenswerte Analogie kennen wir aus dem ältesten Griechenland, d. h. aus dem Griechenland nicht der hellenischen, sondern der voraufgehenden älteren pelasgisch-aegäischen Kultur. Die altheiligen. geheimnisvollen, vielumstrittenen, vielgedeuteten Kabiren sind die realen geistigen Wesenheiten, die im bauenden, formenden, erhaltenden, naturnotwendig gesetzmäßigen Ätherelement des Kosmos wirken. Und zugleich sind sie auf Samothrake für das Volk vor den Toren der Mysterien, für die exoterische Götter- und Heiligenlehre und -legende die Schutzgöttinnen der Schiffbrüchigen. Der ätherische Strom des Kosmos wurde auch hier im physischen Strömen des Wassers erlebt, die Kraft seiner göttlichen Wesenheiten gegen jene Mächte aufgerufen, die seine harmonischen Rhythmen und ruhigen Ordnungen stören wollten. Diese See, dieses wässerige Element bleibt das Innererlebnis des Menschen, wo seine Imagination vom Ätherischen zum Astralischen fortschreitet, vom Schauen der kosmischen Vorgänge zum Schauen der moralischen Wesen in ihnen und in der eigenen Seele. Da erlebt er die innere Not als Seenot, die Leidenschaften und Qualen der Seele als Meeresgewoge und

Sturmgepeitsche. Tempelinschriften auf P´ut´o beweisen, wie sehr das Bild der Seefahrt nur für die grob-exoterische Flüchtigkeit dem physischen Zurseefahren ähnelt; da mahnen sie: „Besteig das Schiff der großen Wünsche", „Die Küste der wahren Weisheit", „du brauchst nur umzukehren und du wirst die Küste erreicht haben". Das sind keine praktischen Anweisungen für die seefahrende Klientel einer Schutzgöttin, ebenso wenig freilich symbolische poetische Metapher für den Kampf auf dem Meer des Lebens, sondern Ausdruck realer Seelenerlebnisse von einer Heilung astralischer Leiden durch die ätherische Weltenkraft Kuan yins, des „Fahrzeugs der Gnade".

So sprach der Novize der Druiden-Mysterien: „Ich liebe den Strand und fürchte die Woge, groß ist das Ungestüm gewesen, schrecklich der überschwemmende Zufall. Auch dem, der den Sturm übersteht, wird er ein Gegenstand der Klage sein."

In der Kunst versucht sich sogar der Plastiker in seinem spröden festen Stoff an der Wiedergabe des strömenden Wasserelementes. Die chinesische Kuan yin des Frankfurter Liebigmuseums, aus grün und gelb glasiertem Ton (Bild 15), sitzt auf einem durchbrochenen Piedestal mit viereckiger Tragfläche, das ist die von den Malereien her bekannte Felsplatte über dem unruhvollen, kraus durcheinanderwogenden, auf züngelnden und zurücksinkenden Gewelle der Brandung.

Des Ätherischen reinster Ausdruck im Reich des Gestalteten ist die Pflanzenwelt. Der Hellseher, der die ätherischen Strömungen in seinem eigenen Körper erlebte, schaute sie zugleich in der Gesetzmäßigkeit des Kosmos und hier zumal in allem Pflanzlichen. Im künstlerischen Bewusstsein stieß sich das Geistige des Pflanzenstofflichen an der physischen Organisation und wurde ihm zu Bildern; darum erscheint es in der Imagination der Kuan yin sowohl gegenständlich wie formal. Schon die Missionare der jesuitischen Mission berichten, dass die Lotosblume, auf der Kuan yin sitzt oder steht die Feuchtigkeit als Quelle aller Dinge bezeichne. Und im formalen Aufbau der Gestalt drückt sich unverkennbar ein pflanzenelementarisches Empfinden des Künstlers aus. Da steigt eine feine schlanke hohe Gestalt kerzengerade wie der Stengel einer jungen knospenden Lilie hoch; da stellt sie sich wie behutsam mit geschlossenen Beinen und Füßen, mit an Brust und Leib anliegenden Armen auf eine entfaltete Lotosblüte; da hebt sie sich wie in leisen Schwingungen eines fernen süßen Tons vibrierend und wie einem hauchenden Winde sich zärtlich hinhebend in leichtgebogenen Linienzügen; da sitzt ihre zerbrechlich feine doch vollendet gesunde von allem krankhaften Übermaß des Schlanken freie Zartheit in sinnende Meditation versunken; da thront sie als die Würde und Hoheit, als die Weisheit und Güte selbst in reichem Aufputz, in architektonischen großen Würfen einer schwingenden Gewand- und Schleier-Faltung: immer durchströmen sie in stillem spiegelklarem Fließen die harmonischen Lebensfluten der ätherischen Gesetzmäßigkeit, der kosmischen „Ordnung", der erhaltenden Gesundungs- und der bauenden Schaffenskräfte.

Bedeutsam ist ihre Verbindung mit der Schicksalsmutter und den Schutzengeln der Kinder bis zum 16. Jahre, bis zur Geschlechtsreife also, bis zu dem Zeitpunkte, an dem die Kräfte des Astralischen an die Stelle des Ätherischen treten, bedeutsam ihr Verhältnis zu Ma Tso Po – der ihre Mutter das Leben gab, nachdem sie im Traume von Kuan yin eine Lotosblüte erhalten und sie gegessen hatte – als der Schützerin der werdenden Mütter, zu Empfängnis und Geburt – sie heißt, sicherlich schon in der Vor-Kuan yin-Zeit, Sung tzu niang niang: die Kinder und Enkel schenkende Jungfrau [s. o. Tei-sun mang niang] – was nicht erst an das Vorstellungsleben des heutigen Chinesen vom Familien- und Ahnenkult anknüpft, sondern umgekehrt diesen zur Folge hat und mit all Jenen uralten weltverbreiteten imaginativen Gestaltungen der schaffenden Lebensströme der Natur zusammendrängt, die als Demeter und Persephone, Diana von Ephesos, Kybele von Phrygien, Rhea von Kreta, Ischtar von Babylon durch die schauenden Eingeweihten in Kultus und Kunst sichtbar gemacht wurden. In dem indischen Rufe „Heil Mutterland" hallt ein letzter Klang des Wissens noch durch unsere Zeit, es schimmert in gewissen Zeremonien des Krishna-Geburtsfestes noch durch, bei denen das Bild des Gottes über zwei Wasserkrüge gelegt oder auf einen Krug mit Wasser gestellt wird, und verweist auch die Krishna-Imagination unter die Erlebnisse der alten Inder in der kosmischen Ätherwelt.

Die Bhakti, die Gottesliebe ist, wie heute auch die Indologen nachweisen, nicht erst durch das Christentum nach Indien gekommen, sondern ist ein einheimischer Begriff, aber er ist ursprünglich nicht eine seelische Empfindung, nicht ein Gefühl mystischer liebender Gottesvereinigung. sondern das einst natürliche, selbstverständliche, dann in atavistischem Hellsehen wiedererschaute Wissen vom Kosmos und Sicheinswissen mit ihm. Es ist das Wissen vom Geistig-Gesetzmäßigen hinter den Erscheinungen der Sinnenwelt, das Wissen vom ätherischen Elemente im Kosmos, dem ätherischen Wesensgliede des Menschen und der Identität beider. Und Krishna ist der große Verkünder, der große Lehrer der Menschheit in diesem Wissen, das einst Allgemeinbesitz und wesenhaftes Seeleneigentum der Menschen war, das nicht erst erworben zu werden brauchte, später jedoch verloren wurde und wieder gewonnen werden musste. Das eben geschah durch Krishna, den Bodhisattva, Lehrer und Führer, den die kosmischen Kräfte des Wischnu selbst inspirierten und der deshalb aus dem Welteinheitswissen heraus sagen konnte: „Unter den Adityas bin ich Wischnu, unter den Gestirnen die strahlende Sonne, unter den Sternen der Mond … unter den Sinnen der innere Sinn … ich bin das Bewusstsein der Wesen, bin der alles dahinraffende Tod und der Ursprung des Zukünftigen … ich bin ungeboren und unvergänglich und werde immer neugeboren durch meine eigene Kraft … ich bin Ursprung und Ende der ganzen Welt … bin der Geschmack im Wasser, das Licht in Mond und Sonne, der Ton im Äther" usw. usw.

Die uralte nachatlantische Schauungskraft der Chinesen sah die großen schaffenden Geister der Liebe und Weisheit und erlebte sie im eigenen Ätherleibe zugleich. Die folgenden Zeiten abgedämmerten Hellsehens imaginierten sie in Wort und Ton, spätere einer engeren Erdverbundenheit in Gestaltungen der Plastik und Malerei. Auf diese Zeiten geht zurück, was das Bild Kuan yins als Imagination des ätheririschen Elementes durchströmt, was ihr an geistiger Realität zugrunde liegt und was das kultur- und kunstgeschichtliche Problem, ob es vor dem Buddhismus in China eine Kuan yin gegeben hat, löst. Es hat die innerlich erlebte, im Bilde geschaute schaffende gestaltende belebende erhaltende Kraft der ätherischen Welt im geistigen Kosmos, zur bildnerischen Form gewandelt, in der chinesischen Kunst gegeben, von verschiedenen Augen verschieden geschaut, unter verschiedenen Namen genannt, sei es Ma Tso Po oder Tien hau oder Kouei-tseu-mou-chen, in Japan Schingmu oder Ki-si-mo-djin oder welcher sonst immer. Die chinesische Literatur berichtet über Porträts in Holz und Metall schon vor dem fünften Jahrhundert v. Chr., die sakrale Kunst geht also viel viel weiter zurück, für jene kosmischen Imaginationen bis ins höchste Altertum.

Daneben gab es im vorbuddhistischen China das Wissen von dem großen Lehrer der geistigen Welten, dem Bodhisattva, der den Menschen von göttlichen Absichten sprach und sie in irdischen Dingen unterwies, demselben, der in Indien Padmapani hieß, aber auch der große Manas genannt wurde, was an Mani, den Gründer der Manichäersekte hat denken lassen, in Wirklichkeit aber eine Erinnerung an den ältesten Führer der

Menschheit in nachatlantischer Zeit bedeutet, demselben, der von Avalokitecvara inspiriert wurde, längst ehe die buddhistischen Weisen ihn sahen und den „herabschauenden Herrn" nannten. Ihn erkannten die indischen Missionare des Buddha in China wieder, ihn grüßten sie mit dem Namen des Inspirators und ihn nannten die Chinesen mit einer allseitig in der Wissenschaft bemerkten Verwechslung von iswara (Herr) und swara (Ton, Stimme) Kuan yin, das ist die Stimme, die auf die Welten sieht, oder der auf die Stimmen, das heißt auf die Gegend sieht, aus der die Stimmen der Leidenden hilfesuchend zu den Göttern heraufschallen und ihr Herz rühren. Ihn erkannten sie nun, von den Buddhisten eingeweiht, in seinem veränderten unter der wärmenden Christussonne mit Impulsen der Liebe und Güte erfüllten Wesen als den Lehrer, der ihnen nicht mehr bloß wie früher die geistigen Welten wies, sondern das Wissen von der Unwissenheit als der Quelle alles Leides, von der Erlösung durch die Erkenntnisse des Buddhismus, von einer waltenden Liebe und Barmherzigkeit vermittelte, die ihnen durch Gebet, durch die Kraft der Gedanken, ja durch ihr Sein, durch ihre bloße Erscheinung den Weg der Befreiung ebnete.

Er wurde ihnen zum Retter aller Lebewesen, die er zum Paradiese hinüberführt, zum Befreier von allem Unglück, zum Tilger alles Unrechts, dessen Geschehen er „wie einen Hauch", das heißt als geistigen Strom, als eine reale Auswirkung im geistigen Kosmos wahrnimmt, zum allumfassenden Erbarmer, der mit vierundachtzigtausend Armen alle Unwissenden und Verlorenen sucht, der in zweiunddreißig Gestalten die Welt der Menschen und die Welt der Götter, Riesen, Dämonen, Feen durchwandert, um sie zu erlösen.

Nun beschäftigt die Wissenschaft, solange sie das Kuan yin-Problem zu lösen sucht, die Frage der Geschlechtswandlung vom männlichen Avalokitecvara-Padmapani zur weiblichen Kuan yin. Man hat die einfache Formel geprägt, diese Wandlung sei mit dem Übergang nach China erfolgt, hat sich aber nicht erklären können und gesteht ein, es nicht erklären zu können, wie es dazu gekommen ist. Den Aussagen etwa wie „Nach dieser Gestalt (Mutter Maria) deutete man die männliche Avalokitecvara-Gestalt des indisch-buddhistischen Pantheonsineinerdem chinesischen Familiensinne kongenialen Weise um und schuf damit die populärste Gottheit im ganzen fernen Osten", oder „Der chinesische Buddhismus hat Avalokitecvara allmählich umgewandelt in Kuan yin, seine vielgeliebte Göttin der Gnade", kommen wirklich nur aus dem „Sagen" nicht aus dem Sein.

Nun stimmt es in solcher Ausschließlichkeit nicht. Abgesehen davon, dass rein formal eine Entscheidung ob männlich ob weiblich nicht immer möglich, die Kleidung, ja die Haartracht für das Geschlecht des Bodhisattva nicht ausschlaggebend ist, hat China selbst beide Formen, so auf der Insel P´ut´o neben bedeutenden schönen weiblichen, zum Teil zu klassischer Vollendung sich erhebenden Plastiken Darstellungen der zweiunddreißig Formen, in denen Kuan yin sich verkörpert und die alle männlich sind. Und das entspricht durchaus den geistigen Tatsachen. Wer sich hier nicht wirklichen Wesen, ihrem Leben und ihrer Entwicklung gegenübersieht, sondern subjektiven Vorstellungen, Sinnbildern einer abstrakten Idee, der sagt wohl „man stellte sich Kuan yin einmal als den Weltenschöpfer, einmal als das Element der mütterlichen Liebe vor", oder „die Chinesen denken sich Kuan yin am liebsten weiblich", oder „sie identifizierten eine ähnliche Göttin mit Avalokitecvara" und sieht nicht, dass eben das alles erst erklärt werden muss, oder, wenn er unbewusst vom wahren Sachverhalt etwas ahnt, so überlässt er es dem Zufall, ob der Bodhisattva sich in der einen oder in der anderen Gestalt inkarniert. Aber es gibt keine Zufälligkeiten; männliche und weibliche Formen sind wirkliche Bilder der verschiedenen Wiederverkörperungen, welche der Bodhisattva wählt, um im Schaffensdrang allumfassender Liebe sich den Menschen zu offenbaren, je nach Art und Forderung der Notlage, in die er eingreifen wird. Die eingeweihten Priester schauten ihn hellsehend in diesen verschiedenen Gestalten und die Künstler erlebten dasselbe Wissen davon, dass der Bodhisattva jede beliebige Gestalt annehmen kann, als sie ihn, wie ihre indischen Schicksalsgenossen den Padmapani, vielarmig und in den Händen die Kräfte des gestaltenden Kosmos tragend und sie den Menschen in den sichtbaren Formen von Sonne, Mond, Schädel, Rad, Lotos, usw. hinreichend darstellten.

Ein ähnlicher Fall ist der in umgekehrter Richtung ablaufende Geschlechtswandel der indischen Pfauenkönigin Mahamayuri, der „Königin übersinnlicher Erkenntnis". Sie wird in China als der große männliche Pfau betrachtet und abgebildet und im Kult als regenbringende Wesenheit verehrt; dieselbe geistige Wesenheit wird von verschiedenen Menschen verschieden erschaut und erlebt, weil ihre göttlich-geistigen Kräfte verschieden in dem eigenen Organismus gefühlt und empfonden, man kann sagen gewusst werden.

Vom 12. Jahrhundert ab stellt die ostasiatische Kunst jedoch Kuan yin ausschließlich weiblich dar, nicht aus formalen oder ästhetischen oder reflexiven Gründen als eine „interessante Umdeutung in das Weibliche", sondern weil inzwischen die Wesenheit des Bodhisattva in den geistigen Welten unter dem Einfluss des Christusimpulses innerhalb dieser selben geistigen Welt sich gewandelt hatte und weil zugleich die Menschen andere geworden waren, auf die gerade um jene Zeit – äußerlich geschichtlich bezeichnet die Sung-Dynastie die Epoche – ein esoterisch vertiefter Buddhismus mit neuen geistigen Impulsen einwirkte. Es klingt wie eine Renaissance alter hellseherischer Fähigkeit und alten unmittelbaren Geisteswissens, wenn das Wort des Schriftstellers Kuo Hsi berichtet wird „Warum lieben die Menschen die Landschaft? Weil sie der Ort ist, wo das Leben beständig quillt". Es rauscht in dem Worte selber dieser Lebensquell, der Strom des kosmischen Lebens, der beide, Welt und Menschen, durchzieht und zusammenschließt, der jetzt neu erlebt wird und in einem spirituellen Landschaftsbilde höchster künstlerischer Vollendung, das unser heutiges Europa eben anfängt zu begreifen, sich ausdrückt. Zum neuen starken Erleben der geistigen Welt erhob die esoterische Schulung in der ältesten Weisheit von der Einheit des Kosmos die Menschen. Die meisten von ihnen blieben auf der Stufe des Erlebens der ätherischen Lebensströme und der Kräfte, die darin außerhalb und innerhalb der Menschen bauend und erhaltend arbeiten. Einige wenige drangen in größere Tiefen des Weltenlebensgeheimnisses, weil sie ihre Seele umzubilden, williger, offener, weiter zu dehnen lernten, und schauten die astralischen, die seelischen Kräfte, die in die ätherischen seelenbildend hineinwirken und Makrokosmos wie Mikrokosmos durchschwingen, durchformen, mit Willen und Fühlen durchsetzen.

Geistige Welt und physische Welt sind nur dem menschlichen Gegenwartsbewusstsein getrennt, in Wirklichkeit sind sie eine und dieselbe in zwei verschiedenen Zuständen und Zeiten und folgen in beiden demselben Entwicklungsgange. So hatte, sagt Rudolf Steiner, der Buddha in die physische Welt hineingewirkt als der Jesus-Mensch für die Aufnahme des Christus-Ichs sich bereitete, hatte ihm Impulse der Liebe und Güte einströmen lassen, die er sich im Laufe seiner eigenen Entwicklung von den Geistern des Kosmos zu eigen gemacht. So wirkte jetzt die Christuswesenheit, nach dem Golgatha-Ereignis im Umkreis der Erde verblieben, auf die Wesen der geistigen Welten, dass sie an ihr sich höheren Stufen ihrer eigenen Entwicklung entgegenheben konnten. Weltenastralität, seelische Kräfte strahlten in sie hinein. Und das wiederum sahen die schauenden Eingeweihten unter dem chinesischen Volke. Sie sahen nun unter dem Bilde Kuan yins nicht mehr bloß die Weltgedanken der kosmischen Gesetzmäßigkeit, den ätherischen Leib des Kosmos, sondern die seelischen Kräfte der Liebe, die im Weltall walten, in allen Kreisen der Sterne, in allem Leuchten der Gestirne, in allen wärmenden Winden, allen blühenden duftenden Pflanzen und im Menschen selbst. Auch in sich selbst erlebten sie die Kräfte des Seelischen, und zwar als den weiblichen Teil ihrer Wesenheit. Früher hatten die Menschen des Ostens nur im Ätherischen ihres Organismus gelebt und in ihm sich mit dem Kosmos eins gewusst, sie hatten in allem, was sie umgab, in allem, was sie mit physischen Augen in der physischen Welt anblickten und was sie in erhöhten Bewusstseinszuständen in der geistigen Welt mit Geistesaugen sahen, die ätherischen Kräfte geschaut und erlebt, sie hatten sie in der Imagination des Bodhisattva Kuan yin als des Lehrers der kosmischen Einheit innerlich erlebt und äußerlich zur künstlerischen Form gebracht.

Jetzt schoben sich vor ihrem Bewusstsein immer mehr astralische, seelische Kräfte in die ätherischen hinein und brachten sich immer mehr als die weibliche Polarität des Menschen zum Erlebnis. Aus diesem Grunde physiologischer Wandlung des ätherisch erlebenden zum astralisch erlebenden Menschen wird die Kuan yin-Gestalt der chinesischen Kunst immer ausschließlicher die weibliche. Bei allem Beharren im symmetrisch-harmonisch-pflanzenhaft Gesetzmäßigen stellen sie die Künstler jetzt mit einer zarten Keuschheit hin, die in der Seele wurzelt, wissen ihr eine aus menschlichem Weisesein mitfühlende, eine aus menschlicher Liebe heilende Gebärde zu geben, die gleichzeitig von einer Geistigkeit durchstrahlt und durchwärmt ist, die ihre Quelle jenseits der Erde hat. Sie können sie durch ein unsagbar feines Lächeln verschönen, das kaum merklich und doch so ausdrucksvoll ist, dass man es mit dem geheimnisvollen Lächeln der Monna Lisa Leonardos verglichen hat. In ihm ruht ein Sinnen, das noch nicht zum Überwindersein des Buddha greift, sondern noch auf Taten sich lenkt, auf gütige liebende helfende Taten.

Geistig gesehen wurde der Bodhisattva um so ausschließlicher als weiblich erfasst und dargestellt, je deutlicher das Hereinströmen seelischer Gefühlskräfte in die ätherische Gesetzmäßigkeit hellsehend erschaut und von Künstlern aus dem inneren Erlebnis zum formgestalteten Werk gewandelt wurde. Hob das Erleben sich zur Intuition, so schuf die Kunst jene köstlichen Plastiken Chinas, Koreas, Japans, die unser Entzücken sind, die wir aber erst begreifen können aus geisteswissenschaftlichem Erkennen heraus.

Aber die Metamorphose in der geistigen Welt ruht nicht. Inniger und tiefer wird das Erlebnis der seelischen Wandlung, des Neuwerdens der Seele, das Herausgebären eines Neuen aus der Seele: Die Imagination des Kindes im Schoße der Mutter ersteht durch die Schau der astralischen Welt als eine seelische Vertiefung und Wiederholung des ätherischen Erlebnisses von der schaffenden zeugenden Sonnenkraft in allem Monden-Erdhaften. Die Wissenschaft hat sich viel mit den Wanderungen des Marienmotives gequält und hat auf den rein formalen Befund Hypothesen aufgestellt, deren kalte Systematik und begriffliche Abstraktion sich den Weg selber verschließt. Aber sie hat einmal doch wenigstens ihn gekreuzt. Sie hat einmal gesagt, die ausgehende hellenistische Kunst habe in Vorderasien zwei neue Zweige getrieben, einen griechisch-christlichen, der nach Westen, und einen griechisch-buddhistischen, der nach Osten wuchs, und auf beiden Seiten sei die Madonna gewachsen. Wie, das sagt sie nicht, sie deutet nur auf den alten Kybele-Kult auf der einen Seite, auf die Isis-Horus-Darstellungen auf der anderen Seite hin und denkt an stilistisch-formalistische Annahme künstlerischer Erscheinungen durch wesensfremde Kulturen: Hoffnungslose Konstruktion eines relativistischen Gelehrtenturns und doch mit einer Wahrheit verbunden.

Jener vorderasiatische Ausgangspunkt besteht wirklich, nicht freilich für äußerlich aufgegriffene Kunstformen, sondern für geistige Erkenntnisse und seelische Erlebnisse mit denen, zugleich auch die Kunstformen erlebt und angenommen wurden. Es ist der weitere Umkreis derselben Ephesischen Mysterien, von denen als von dem Lehrzentrum für das Wissen vom ätherischen Kosmos die Rede war. Man spricht von Wanderungen eines Motivs, macht sich darüber Theorien zurecht und übersieht die Einheit von Idee und Form innerhalb der bodenständigen Kulturen, die ganz besonders für den im geistigen Kosmos fest, noch immer fest verankerten Osten gilt. Dagegen kann man von Wanderungen einer Eingeweihten-Weisheit sprechen, eines An-Schauungs-Unterrichts der Wissenden an die noch nicht oder besser gesagt nicht mehr Wissenden. In den ältesten Zeiten war der Wissensstrom von Westen nach Osten geflossen, die ganze Menschheit wusste von sich und dem Weltall die geistigen Quellen und Untergründe. In den Mysterienschulen wurde das Wissen systematisch gepflegt und erhalten; und so war diejenige von Ephesos ein Mittelpunkt und ein Ausstrahlungspunkt für das Wissen vom ätherischen Kosmos, der nach Osten weithin sich auswirkte und in der alexandrinischen Zeit den starken hellenischen Impuls begleitete. Die griechische Plastik brachte den indischen Künstlern den Buddha-Typ – wir sahen schon in die letzten geistigen Tatsachen hinein, die das möglich machten – sie brachte auch für die Bodhisattvas die Formen der klassischen Antike und schickte sie über Gandhara und Ostturkistan, die Länder des „griechisch-skythischen Stils", über Nordchina bis nach Korea und Japan, sie brachte aus den Weisheiten der ephesischen Mysterien heraus die berühmte Statue der Diana, jener eindringlichen Lehrerin des ätherischen Elementes, metamorphosiert in der Form, aber identisch in der Realität der Imagination nach dem Osten, z. B. in der Geistwesenheit Hariti, die ihren jüngstgeborenen Sohn Pingala nährt. (Bilder 25/26).

Entsprechendes Erlebnis der schaffenden Kräfte hatte schon in Babylon die Göttin Ischtar als stillende Mutter dargestellt; in primitiven Kulturkreisen begegnet uns dasselbe Bild der Mutter mit dem Kinde, das auf altes Wissen zurückgeht, so spielerisch, naturalistisch, profan und alltäglich es sich in der Dekadenz heutigen Volkstums gibt und so häufig es da zum „Motiv" wird. Dass es ursprüngliche sinnvolle Bedeutung birgt, lehrt das Bild 22, ein Ausschnitt aus einem Kameruner Hauspfosten mit übereinandergestellten Figuren, einem Ahnen-Pfahl also, der aber die Ahnen, die Vorfahren nicht als eine Reihe aufeinanderfolgender Personen, sondern als die Generationenreihe der Familie, als das sich ständig erneuernde, bluthaft vererbte Leben der Gruppe fasst. Dass es in dieser Beziehung sakrale Bedeutung besitzt und durchaus religiös, fromm, zugleich als lebendige Wirklichkeit erlebt wird, beweist das Stück des Bildes 23, ein Kopfaufsatz kultischer Tänzer, ein Zeichen afrikanischer Mysteriendramatik, die so entartet sein mag, wie sie will, trotzdem der unverkennbaren Spuren alter Geistigkeit, alter Weisheitslehren und Menschheitsführungen, der Reste eines ehemaligen echten Mysterienwesens genügend zeigt.

Ist hier Verfall in formale Konvention durch Nichtmehrwissen, so ist dort Höhe des Wissens, ja Fortschritt in der Erkenntnis des Wirklichen. Nie dürfen wir vergessen, dass in allem Wandel des Lebens das menschliche Bewusstsein miteingeschlossen ist. Die Legende erzählt von Hariti, sie sei einst ein böser Luftgeist gewesen, der die Pocken über die Menschen brachte, aber Buddha habe ihr das eigene Kind weggenommen und da sei sie bekehrt, zur Besinnung ihres Wesens gebracht und umgekehrt zur Kinderbringerin geworden. Darin drückt sich das Erlebnis der seelischen Wandlung aus, die der Buddhismus in der physischen und in der geistigen Welt vollbracht hat, des erstmaligen Eintritts von Gefühlsmächten in das menschliche Bewusstsein. Die Legende hat nun aber die Wandlung besonders stark unterstreichen wollen und hat Hariti zum bösen Pockendämon gemacht, während sie ursprünglich die Imagination des ätherischen Weltenelementes, der kosmischen Gesetzmäßigkeit ist, in welcher sichtbares Leben und Sterben im natürlichen Pendelschlage als zwei verschiedene Formen des Lebens, als Erscheinungen und Bedingungen des Lebens sich abwechseln.

Eine andere Fassung der gleichen Legende, in Japan von Ki-si-mo-djin oder Schin mu t´ien oder Daitjamatri, der Mutter der Titanenrasse der Daitjas erzählt, lässt das klarer erkennen: Die Göttin gebar tausend Söhne. Den jüngsten nahm, ihr Buddha heimlich weg, um sie zu bekehren. Als ihn die Mutter endlich bei Buddha fand und ihn zurückverlangte, war er in die Satzungen der Buddhalehre eingeweiht und hatte sich das Gebot, kein lebendes Geschöpf zu töten, tief eingeprägt. In ihrer Freude über den Wiedergefundenen gelobte die Mutter selbst, das Buddhatum zu schützen, den Kinderlosen Nachkommen zu geben und Gebärende vor Unheil zu wahren. Man stellt sie mit einem Kinde auf dem Schoße oder mit zwei Kindern auf den Knien oder seitlich neben sich dar.

In den Ruinen von Yar-goli westlich Turfans in Ostturkistan fand die Grünwedelsche Expedition 1905 ein mit Wasserfarbe auf Leinwand gemaltes Bild, dem man die Bezeichnung Maria von Turfan gegeben hat und das man zeitlich in das, siebente Jahrhundert setzt: eine Frau mit einem Kinde auf dem Schoß, umgeben von tollenden und ballspielenden Knaben (Bild 24). Der Madonnatitel passt nicht zu ihr, wie Foucher an der Hand von indogriechischen Gandhara-Analogien nachweist, deren stillende Frauen von einer ganzen Anzahl von Kindern umspielt werden oder mehrere auf den Schultern tragen (Bild 25/26). Foucher hält sowohl die Gestalt des buddhistischen Turkistans wie diese griechischen Formen der Zeit um Christi Geburt für dieselbe Hariti, die aus einem bösen Pockendämon zur gütigen Kinderschenkerin und -schützerin umgeschaffen wurde; in Wirklichkeit sind sie alle die gleiche Imagination des ätherischen Elementes, die sich aus dem Impuls der griechischen Plastik eine neue Formensprache geholt und bis zum fernen Osten getragen hat, im Inhalt jedoch dieselbe geblieben ist.

Die Kuan yin der Abbildung Nr. 15 (Liebig-Museum in Frankfurt), aus dem 17.-18. Jahrhundert – die Zeiten machen hier nichts aus, es handelt sich für die psychologische Erklärung um die Bewusstseinstufe – ist eine gutmütig lächelnde Mutter, deren frohgesinnte Sinnlichkeit aus dem vollwangigen, fleischigen, fast gedunsenen Gesicht heraus strahlt, mit einem breit und fröhlich lachenden Kinde auf dem Arm, das Ganze eine Szene schönen Familienglücks. Die Frau sitzt, wie ich schon deutete, auf einer Felsenplatte über schäumender Uferbrandung. Das ewig Regsame des Lebens selbst durchzieht einheitlich die Gruppe: das ätherische Element des Kosmos trägt das ätherische Element des Menschen!

Um die Kuan yin der Abbildung Nr. 19 (Städtisches Museum für Völkerkunde in Frankfurt a. M.) tummeln sich zwei fröhlich springende Kinder, das eine umfasst das mütterliche Knie mit beiden Händen, das andere legt seine Hand in die Rechte der Mutter. Im Diadem fehlt hier wie bei der vorigen das Bild einer Dhyaniwesenheit. Leben, Gesundheit, Frohsinn, das ätherische Element des Seienden und Werdenden, das „ephesische Element" möchte ich sagen, hat sich zum Ausdruck gedrängt, und dieses ist es, was jene buddhistischen Legenden umgestalteten. Nicht ein menschenfressender Dämon wurde zur gütigen Gottheit gewandelt, sondern die Imagination der ätherischen Lebensgesetzeswelt, die in Werken ostasiatischer Kunst selbst späterer Zeiten noch durchaus die schaffende ist, wandelt sich ganz allmählich zur Imagination des astralischen Seelenlebens. Und nicht hat die Form der mütterlichen Kuan yin als mütterliches Prinzip, als „Zeichen einer guten Vorbedeutung" den Osten erobert – die Komplikation mit dem Avalokitecvara-Problem, die Befunde der bildenden Kunst verbieten es, Kuan yin einfach als östlichen Ausläufer des Häriti-Motives oder der Imagination des ätherischen Kosmos aufzufassen –, sondern sie tat es durch eine Wandlung des menschlichen Bewusstseins.

Wie der Buddhismus sich unter dem Einfluss des christlichen Impulses in der geistigen Welt wandelt, wie die Wesenheiten der Hierarchien sich dem christlich-kosmischen Ziele zu höherentwickeln, haben wir am Avalokitecvara gesehen.

Eine gleiche Wandlung vollzieht sich in Vorderasien, und wieder ist es Ephesos, von dem aus der Impuls nach dem Osten getragen wird.

In dem Problem der Beziehungen des Christentums zu Indien spielt der Legendenkreis von Krishna, sein Geburtsfest und seine Darstellungen als Kind an der Brust seiner Mutter Devaki liegend eine große Rolle. Christliche Einflüsse und einheimische Ursprünge stehen sich in den Ansichten der Forscher gegenüber. Da wird nun großer Wert auf eine Erzählung im zwölften Buche des Mahabharata-Epos gelegt, die von Pilgerfahrten nach Cvetadvipa, der weißen Insel oder Insel der Weißen berichtet, unternommen auf Veranlassung einer unsichtbaren Stimme, um über die Richtigkeit der Lehre vom Eingott Krishna Gewissheit zu holen. Drei solcher Fahrten, die des Ekata, Dvita, Trita – die Zahlen ersetzen die Namen – bleiben erfolglos, die vierte, die des Narada hat Erfolg, das heißt, so folgert man, sie brachte die Kunde vom Christus, dem Sohne der Jungfrau, und mit ihr die Bestätigung, dass der aus eigenem Heilsbedürfnis erwachsene Glaube an Krishna der richtige war. Von dieser Zeit an datiere, sagt man weiter, im wesentlichen die jetzige Krishna-Verehrung in Indien, die ihrem Ursprunge nach wohl schon älter sei, sich aber nun erst recht eigentlich ausgebreitet habe; von dieser Zeit an sei auch das Bild der Mutter mit dem Kinde aus der christlichen in die indische Kunst übergegangen. über den Ort der „Insel der Weißen" schwankt man zwischen Parthien, Balchaschsee, Syrien, Alexandrien: in Wirklichkeit ist es Ephesos, der alte Treffpunkt östlicher Weisheit und westlichen Wissens, von dem jetzt der christliche Impuls ausging. Die vorchristlichen Mysterienschulen waren wohl eingegangen, aber nicht die Schulen überhaupt, die alte Geistigkeit war wohl abgedämpft, aber nicht erloschen, sie war gewandelt: in die Atmosphäre der okkulten Schulung war die Christustatsache eingeflossen und in ihr zum Schauungserlebnis geworden.

Nun heißt es, Narada fand hier die Bestätigung seines Wissens von Krishna als dem Eingotte. das heißt von der Einheit des Kosmos. Aber war das eigentlich nötig? Ganz gewiss nicht. Das war ja uraltes Wissen des Ostens vom Kosmos, allen Menschen seit je vertraut und selbstverständlich, die Imagination der All-Einheit unter dem Bilde des Lehrers Krishna war ebenso uralt. Dafür brauchte man keine Bestätigung, brauchte man keine „geheime Stimme", die, wie der Stern von Bethlehem die Magier führte, so die drei Inder und als vierten den Narada nach Westen trieb. Nein, ein Neues musste in Indien den schauenden Eingeweihten vor den geistigen Blick getreten sein, ein Neues, was sie mit dem alten Wissen nicht in Einklang bringen konnten, was sie unruhig machte, was sie aufhorchen und nach Deutung begehren ließ.

Das war nun die Wandlung, die mit der Krishnawesenheit vor sich gegangen war, und die der Veränderung glich, die am Avalokitecvara bemerkt wurde. Der Christusimpuls begann alle Wesen der geistigen Welt zu beinflussen, sie mit seelischen Kräften zu füllen, sie in ihrem innern Sein umzugestalten, neu zu gestalten, ein Neues aus ihnen zu zeigen. Diese Schau wurde den Eingeweihten als Imagination der Mutter mit dem Kinde, der Devaki und ihres Krishnakindes vor dem Geistauge zum gegenständlichen Bilde. Zu ihm suchte Narada die Gewissheit, und im ephesischen Kreise fand er sie in der Madonna. Warum gerade in Ephesos, haben wir bereits gesehen.

Noch eine andere Form derselben Imagination traf er dort, Isis mit ihrem Horusknaben. Auch sie, recht eigentlich erst zu hellenischer Zeit in größerem Umfange künstlerisch gestaltet und im Bilde verbreitet, ist die Imagination der Seele, die sich wandelt und aus sich einen neuen Menschen gebiert, ihren Monden-Seelen-Schoß den geistigen Sonnenkräften öffnet, dass der Mensch eines neuen Bewusstseins, eines sonnenhaften geistigen erkennenden Bewusstseins erstehen kann. Die Masse des Volkes sah nur Äußerliches, Bürgerliches gleichsam, Mutterglück und Kinderglück. Die Eingeweihten aber schauten die seelisch-geistigen Kräfte, die aus dem Kosmos in den Menschen einzogen und seine Seele wandelten und zu einem neuen Menschen zubereiteten. Sie sahen in Ägypten durch unmittelbares Hineinschauen in die geistige Welt, dass der Logos diese Zubereitung vollzog, dass er ihrem geistigen Gesichtskreise in den übersinnlichen Sphären mehr und mehr entschwand, dass er in die Erde und in den Menschen einzog, um in dessen Bewusstsein seelenumbildend zu wirken und den neuen Menschen im Geiste, den Horus zu bereiten. Dass es der Christus war, der nahe bevorstand, wussten sie nicht, nur dass eine Wandlung kam, dass die Seele zu einem Eigenleben erwachte, dass ein Neues wurde, wussten sie.

Die tiefsten und letzten Zusammenhänge dieses Weltentwicklungsprozesses in der Wandlung des menschlichen Bewusstseins hat uns Rudolf Steiner aufgedeckt und in gewaltigen kosmogonischen Gemälden vor uns hingestellt.

Ägyptische Mysterien sind nach Griechenland verpflanzt worden, in dem eleusinischen Kultus zeichnet sich ein Stück des Isis- und Horus-Dienstes ab. Nicht, als ob es hier vor-her keine Mysterien oder keine Vor-Mysterienweisheiten gegeben hätte. Im Gegenteil. Das altpelasgische Griechentum lebte selbstverständlich mit seinem Wissen in der geistigen Welt, seiner einstigen Heimat, und erst als dieses Wissen in Vergessenheit zu geraten drohte, setzten die in die Weltgeheimnisse eingeweihten Führer Mysterien ein, gaben den Namenlosen Götternamen, dass man sie merke, und lehrten den Ursprung von Welt und Mensch, den Sinn von Leben und Tod, die geistigen Kräfte im Kosmos und in allem Lebendigen, den Menschen eingeschlossen. Ebenso wenig hat die modern wirtschaftlich eingestellte Anschauung recht, es seien ägyptische Kolonisten zur Zeit der achtzehnten Dynastie an der athenischen Küste bei Eleusis gelandet, hätten den bisher dort unbekannten Ackerbau und Weinbau gebracht, zugleich den Isiskult eingeführt und ihn zum Demeter-Dionysos-Kult umgebildet. In solcher Allgemeinheit stimmt es nicht, aber Wahres ist schon daran. Ackerbau gab es schon vorher in Griechenland, aber den Pflug brachten die Ägypter, den sie selbst von Persien bekommen hatten, und vervollkommneten durch ihn die Landwirtschaft. Ebenso fanden sie bereits Mysterien vor, aber sie brachten ein neues Element hinein. Das Kind!

In seiner Beschreibung Griechenlands erzählt Pausanias von Athen „nahe dem Stadteingang ist der Tempel der Demeter. Darin die Standbilder der Demeter und des Kindes und des die Fackel haltenden Jacchos. Nach einer Inschrift mit attischen Buchstaben auf der Wand sind es Werke von Praxiteles". Wer ist dieser Jacchos?

Die unklare Stelle bei Herodot VIII, 65: das unter mystischem Namen sich bergende Geheimnis der Verkündung am Tempeltor „Die göttliche Brimo hat Brimos, das heilige Kind, das ist die Starke den Starken zur Welt gebracht"; die Unkenntnis vom wahren esoterischen Gehalt der eleusinischen Mysterien; die äußerlichen und widerspruchsvollen Mitteilungen, die spät über sie von Spätlingen veröffentlicht sind: all das ließ es schon im Altertum ungewiss, wer Jacchos sei, und unsere archäologische Wissenschaft ist darin nicht weitergekommen als zu einem unentwirrbaren Knäuel von Hypothesen.

Die alten Mysterien lehrten die Welt als ein allgewaltiges Werden im kosmischen Geist-Sein, als die Taten ewiger sich wandelnder geistiger Wesen erkennen. Das griechische Bewusstsein war in einem bestimmten Sinne bereits über Ägypten hinausgeschritten, es erlebte das Wirken des kosmischen Geistes in der menschlichen Gestalt so sinnenfällig, dass es die menschliche Form als göttlich empfand und umgekehrt die Götter in menschlichen Formen und im menschlichen Handeln darzustellen begann. Der Grieche war Künstler. Sein Anthropomorphismus war in Wahrheit das künstlerische Erlebnis der wirklichen geistigen Welt. Die Mysterien lehrten esoterisch das webende Wirken himmlischer und irdischer Geistkräfte im ätherischen Kosmos: Worte rhythmischer Mantrams und Anschauen der pflanzlichen Wachstumsgeheimnisse an Samen und Ähre des Korns, Lehre und Bild also waren die Mittel, dazu hellsichtige Schauungen, durch körperliche Übungen vorbereitet. Exoterisch stellten sie es als eheliche Verbindung von Zeus und Demeter dar. Demeter ist das gebärende fruchtende Leben des Kosmos. Als Persephone taucht dieses Leben in den Menschen ein. Die „Unterwelt" des Pluto ist sein physischer Leib. Der

Makrokosmos drückt sich im Mikrokosmos ab. Das Bewusstsein ist im Wechsel von Wachen und Schlafen innerhalb und außerhalb des Menschen. Persephone kehrt zur „Oberwelt" zurück, d. h. zu den lichten Höhen der geistigen Welt.

Soweit hatten die griechischen Eingeweihten selbst geschaut und gelehrt. Nun kam die Weisheit Ägyptens von Isis und Horus über das Meer, von dem Menschen, der aus jenem Persephone-Bewusstsein in der Zukunft einst neugeboren werden muss. Jacchos! „Der Gott, der einst kommen wird", so sah ihn Rudolf Steiner genannt, so lehrte er ihn uns erkennen. Es ist der Gott, der den neuen Menschen möglich macht und das neue Bewusstsein erstehen lässt, das durch das irdische, Persephone-Pluto-Leben hindurchgegangen sein muss, sich nun aber nicht von der „Unterwelt" zu lösen braucht, um in die „Oberwelt" zu kommen, sondern in ihr bleiben darf und doch die geistige Welt zu schauen vermag. Jacchos ist nicht der untergeordnete Chorführer, Vortänzer, den man aus ihm gemacht, sondern das „Gott-Kind", das am Schlusse der Feiern im nächtlichen Zuge nach Eleusis zurückgebracht und nun als der angebetete Gott zum Lenken der heiligen Chöre gerufen wird. Der heilende Gott der Zukunft, der Heiland, denn der Jacchogoge, der Führer des Jacchos heißt auch Priester des Asklepios. Unter seinem Namen „feiern die Völker der Erde dich" ruft ein delphischer Hymnus zum Dionysos. Der Dionysos, der göttlichem Geiste schauend verbundene Mensch wird zum Jacchos werden, zum Heiland. Die Fackel, die er trägt, leuchtet nicht als banale nächtliche Lampe den Chortänzern; antike Gemmen stellen ihn als einen Knaben dar, der mit aufrechter Fackel am Boden sitzt, über sich die Mondsichel, vor sich drei Frauen, die ihm entgegenschreiten: er ist die Fackel des Lebens, die Leuchte der Welt der Zukunft.

Eine Christus-Schau vor der Christus-Tat auf Erden. Im Jahre 1609 schrieb Rouillard in seiner „Parthenie ou Histoire de ... eglise de Chartres": „Derselbe hl. Geist, der den Propheten Elias erleuchtete, hat die Druiden erweckt, hat den Menschen von Chartres hundert Jahre vorher die Ankunft des Heilands offenbart, die Kirche von Chartres ist durch die Prophetie begründet worden, die vor der Inkarnation unseres Herrn Jesus Christus erfolgte". Dadurch erklärt sich, dass die ersten christlichen Glaubensboten in Chartres die Statue einer Frau mit „ihrem kleinen Sohne auf dem Arm als Mittelpunkt eines Kultus vorfanden. Was Rouillard aber nicht wusste, war, dass jener Erleuchtung altes druidisches Mysterien-Wissen zugrunde lag, das im Bilde der Ceridwen, die wie Demeter Persephone, so Creirryw

zur Tochter und einen Sohn hat, der erst Avagddu „das hässlichste aller Wesen" oder Gwion, dann Taliesin „die strahlende Stirn" heißt, die Entwicklung der „menschlichen Seele zur geistigen Schönheit" darstellte.
In christlichem Gewande tritt uns das gleiche vorchristliche Imaginationserlebnis der Seele-Geist-Entwicklung aus der letzten Rune Kalewala entgegen; Wainaimoinen tauft und segnet das „liebe Kindlein, dass es König von Karjala, Hüter aller Mächte werde".
Dass dies Inhalt alter Mysterien ist, darauf weist in seinen Schriften Rudolf Steiner immer wieder hin. Die Menschen wussten und verstanden noch nichts davon, ihr Bewusstsein konnte es noch nicht fassen. Die Eingeweihten aber sahen den Christus, den neuen Gott, kommen und sich seine Weltentat der Erlösung von Welt und Mensch, der neuen Menscherschaffung, der neuen Bewusstseinszeugung vorbereiten. In der geistigen Welt änderte sich Sinnen und Taten der Götter. Die Weltenwende kam. Die Eingeweihten Ägyptens und nun auch Griechenlands bereiteten die Menschen langsam auf sie vor. Im Bilde des Jacchos sahen sie einen Morgenschimmer heraufdämmern. Für die Wahrheit war ihr Bewusstsein nicht reif. Erst später konnten sie begreifen, wie die Geburt des Jacchos zustande kommt, wie er in seelischer Wandlung aus erkennender Liebe geboren wird.
In Vorderasien war die Veränderung in den Realitäten der geistigen Welt gleichfalls bemerkt. Zu den altbekannten kosmisch-ätherischen Kräften sahen die Eingeweihten die astralischen, die leuchtenden wärmenden Opferkräfte, die das Seelische tragen und bilden, hinzutreten, sahen sie die Herabkunft der Christuskraft durch die Hierarchien zur Erde herunter, sahen das Logos-Weltgeheimnis im Menschen Sichtbarkeit werden, in der Seele wiedererstehen und ein neues Wesen erzeugen. So konnte es geschehen, dass gerade in Ephesos, der uralten Mysterienstätte ätherischer Weltweisheit, auf dem Konzil von 431 Maria feierlich als heilige Jungfrau und Mutter Gottes ausgerufen wurde, gleichfalls ein exoterisches Bild, das der Masse verbarg, was die Hüter des Esoterischen wussten, die Neugeburt des Geistes in der Seele des Sonnengeistes Christus in der menschlichen Seele. All das sah der Inder Narada in Ephesos und trug es nach Osten heim.
Das Marienmotiv ist nicht durch unmittelbare christliche Übertragung, durch die nestorianischen Missionare oder auf ähnlichem Wege nach dem fernen Osten gebracht worden, sondern es ist eine selbständige Imagination des im ganzen Osten erlebten geistigen Wandlungsprozesses im Menschen

durch den Übergang vom Leben im Ätherischen zum Leben im Astralischen.

Jener Chinese sah schon das Richtige, der dem Herausgeber der Reiseberichte des chinesischen Mönches Fa-Hien (399-414), Legge, auf die Frage, wie es möglich sei, dass Avalokitecvara in eine Göttin der Gnade umgewandelt wurde, mit der Gegenfrage antwortete „Habt Ihr nicht ganz dasselbe in Europa in der Verehrung der Maria?" Er wollte damit keine Analogie formaler Motivübernahme behaupten, sondern sein inneres überzeugtes wissendes Erleben von dem Marientum in der Kuan yin-Gestalt ausdrücken. Marientum in der Tat. Nicht Wanderung eines Motives, nicht physische Mutterschaft oder Gottesmutterschaft, nicht „Weib und Gebärerin des Welterlösers", nicht Weib und Gebärerin, Mutter schlechthin, so wenig wie ein sittlicher oder gar nur ästhetischer Idealtyp, der konstruktiv ausgedacht ist; auch nicht die Sorge, die für einen Spengler (Der Untergang des Abendlandes) aus seinem hoffnungslosen abendländischen Verzweifeln heraus das Muttermotiv als das Motiv der Zukunft an die Stelle des antiken Werdens setzen lässt – nichts von alle dem liegt vor, sondern die Imagination der in die atherischen Ströme des Kosmos und des Menschen einfließenden astralischen gefühlsmäßigen Kräfte, die eine Umwandlung der Seele bewirken und in ihr einen neuen Menschen erstehen lassen. Das ist noch nicht der Christus, noch nicht der durchchristete Mensch. Der Orientale ist bewusstseinsgemäß von ihm abgeschnitten, weil und solange er eben nicht das starke Persönlichkeitsempfinden, das klar sich umkreisende und doch allgeistverbundene Ichgefühl des Westländers hat, aber es ist schon ein neuer Mensch, der seine Seele so bereitet, dass sie sich einst dem Christus wird öffnen können.

Esoterisch gesprochen erzählt die Krishna-Legende, die Erde sei in die Versammlung der Götter gekommen und hätte geklagt, sie könne ihre Last nicht länger tragen, worauf Krishna sich bereit erklärt habe, in den Schoß des Weibes einzugehen, das mit ihrem Gatten zu einer bestimmten Zeit fasten werde. Und ebenso esoterisch klingt es aus einem Gebet bei der Geburtsfeier des Krishna „Verneigung Dir, Devakt, die den Krishna geboren hat, die Sünde tilgende Göttin, sei befriedigt, von mir verehrt, die Göttermutter Aditi bist Du, vernichtend alle Schuld". Dahinter liegt das esoterische Wissen von dem Eintritt des astralischen Wesenselementes in das ätherische des Menschen, von seiner zerstörenden Wirkung, von der Heilung des Menschen durch innere Wandlung, durch seelische

Umstellung, durch Neugeburt der Seele. Diese Neugeburt spiegelt sich in der Kunst als die Wandlung des realistischen, das fast bis zum Genrehaften sich steigert, des naiven sinnenfrohen Lebenbejahenden, des in all seinen natürlichen Beziehungen gesättigt Glückhaften zum Meditativen.

In China lehrt die esoterische Lin-tsi-Schule des 9. Jahrhunderts, dass der Mensch alles, was die großen Bodhisattvas gelehrt haben, in sich trägt – Barmherzigkeit, Reinheit usw. –, dass er in Wirklichkeit dasselbe wie Buddha sei – das Paulinische „Der Christus in Dir" klingt an –; aber was bedeutet es in Wirklichkeit, dieses Buddha sein? „Der Sinn muss sich von allen Leidenschaften befreien. Nach außen sehen heißt ein gewöhnlicher Mensch sein, nach innen sehen heißt Buddha sein!" Die Synthese fehlt! Nie also kann der östliche Mensch das freischöpferische, individuell bewusste, mit dem Christus im Leben und Sterben aus kosmischer Zielsetzung zur kosmischen und menschlichen Seins-Erfüllung sich verbunden wissendes Ich-Erkennen voll erleben. Nie konnte der Ägypter im Horus der Isis, der Grieche im Jacchos, nie kann der Inder im Krishna der Devaki, der Chinese oder Japaner im Kinde der Kuan yin bewusst den Christus erkennen. In keinem von ihnen konnte deshalb der Künstler jenes göttlich durchgeistigte Seelenhafte und jenes seelisch durchpulste Geistige gestalten, das in der sixtinischen Madonna seinen erhabensten unmittelbarsten Ausdruck gefunden hat.

Der Osten blieb außerhalb des individuell Differenzierten, des persönlich Einzelmenschlichen, des seelisch und geistig Eigenerlebten im allgemein Typischen stecken, das uns Konvention zu sein scheint. Es ist keine Konvention, es ist schon Wirklichkeit, aber eine von fernen Nebelschleiern dämmerig verhüllte unscharfe dem Auge verfließende mehr geahnte als gewusste, mehr von außen gewiesene als von innen geschaute. Was die Eingeweihten aus dem Westen herüberbrachten, traf auf Eigenerlebnisse, die aus der Natur des Ostens heraus unbestimmt und unbewusst bleiben mussten, und konnte nicht so aufgenommen werden, wie es ursprünglich geschaut war, und das was aufgenommen wurde, verfloss aus dem schmalen aber tiefen Strom in flache Rinnsale und stehende Tümpel. Da schimmert nur noch ein matter Abglanz einstigen Lichtes herauf. Im wesentlichen folgt der Osten noch dem alten ätherischen Wissen als einer Erbschaft der Urweisheit und des atavistischen Hellsehens der nachatlantischen Zeit, soweit er in seinen esoterischen Kult- und Lehrstätten noch echte Innerlichkeit eines geistigen Erlebens pflegt, und seine Kunst ist ein Ausdruck dessen, aus ihm schöpft sie jene harmonische

Geschlossenheit, jene stilvolle gerundete Einheitlichkeit, die der stillose Westen an ihr bewundert und wie eine verlorene Märchenglückeszeit wehmütig liebt.

Der astralische Seeleneinschlag stürmt ungezügelt durch die Formen des untermenschlich Dämonenhaften und des menschlich Triebhaften in den grotesken fratzenhaften Zerrgestalten dessen, was die Wissenschaft „Volksgötter" zu nennen pflegt. Es tastet nur behutsam mit den Schwingen der liebenden opfernden Mächte des Kosmos an die Gestalt Kuan yins und legt einen zarten Duft reiner Weiblichkeit den weichen Schmelz wissender verzeihender Mütterlichkeit über sie. Weich, leicht dünn schleierhaft fein liegt es auf ihr, das erste Seelenhafte das einen neuen Menschen bilden will, ungeformt noch und fast regungslos, weil gehemmt und gedrückt durch das übermächtige Alte. Beides aber, Altes und Neues, Ätherisches und Astralisches, formt sich in ihr einen Abdruck seiner Welten, seiner kosmischen Essenz schlechthin, der mathematischen Gesetzmäßigkeit und der liebenden Tendenz opfernder Hierarchien. Es bleibt universell. Bis zum Ichkern, der beides persönlichkeitbildend durchzieht und durcharbeitet, dringt der Osten erkennend nicht vor und dringt seine Kunst infolgedessen auch schaffend nicht vor. Das blieb dem Westen vorbehalten. Die Maria musste und muss im Osten ein Torso bleiben, die Bewusstseinsstufe reicht nicht weiter. Für diese Stufe aber ist Kuan yin ein treuer und beredter Künder, sie ist mehr als ein Beispiel ostasiatischer Kunst und Kultur, sie ist ein Kronzeuge für die Menschentwicklung im ganzen Kosmos. Sie ist damit zugleich ein Weiser zum Wege in die Zukunft unserer eigenen Kunst.

Die Abbildungen:

KWANNON (rechts) – Japanische überlebensgroße Statue aus Holz und Lack im Museum Nara. Wiedergabe nach With, „Buddhistische Plastik in

Japan", Tafel 38. Bis auf eine kaum merkliche Einziehung in der Hüfte steigt die Schlankheit der Gestalt pflanzenstengelartig gleichmäßig auf und bewahrt sich bei aller statuarischen Ruhe die unnachahmlich zarte edle Schmiegsamkeit des Körpers, der einem leisen Windhauch schwank sich wiegend nachzugeben und zugleich ein vollendetes Gleichgewicht zu halten scheint. Die linke Hand fasst mit den feinen, vornehm langen Fingern den Hals eines Tau-Fläschchens. Der rechte Arm ist im Ellbogen gebeugt; die geöffnete Hand begleitet mit sanfter Gebärde den milden Blick der kaum aufgeschlagenen Augen.

KWANNON (links) – Japanische überlebensgroße Holzfigur. Wiedergabe nach With, „Buddhistische Plastik in Japan", Tafel 21. In harmonischem Gleichmaß und fehlerloser Symmetrie steigt der schlanke Körper aus dem Lotoskelche hoch. Die Gewandfalten streben wie windbeschwingte Blätter seitlich fort, verbreitern die Gestalt und erhöhen die Würde der Erscheinung. Der lässig vornehm sich neigende Hals trägt einen Kopf, den unberührte, unbewegte Ruhe und Leidenschaftsfremdheit durchströmt.

KWANNON

Japanische Bronze des 7. Jahrhunderts. Wiedergabe nach Kümmel, „Die Kunst Ostasiens".

KUAN YIN – Marmorfigur in der Halle des Edelstein-Buddha auf der Insel P´u t´o shan gegenüber der Mündung des Ningpo-Flusses. Reichbekleidet. Wiedergabe nach Boerschmann, „Die Baukunst und religiöse Kultur der Chinesen", Band I, Tafel 12 (Georg Reimer, Berlin 1911).

TSI SUN NIANG NIANG – Chinesische Bronze des Museum für Völkerkunde in Berlin (Asiatische Abteilung, I D. 10564). Auf dem Scheitel die Figur eines Hahns (?), dessen Gefieder wie ein Kranz züngelnder Flammen das Haupt überragt. Die Hände tragen ein Kind und strecken es mit freudiger Gebärde hin.

AVALOKITECVARA – Ethnographisches Museum in München. Chinesische Plastik aus hellgrauem Kalkstein, nach Prof. Scherman dem 7. Jahrhundert angehörig. Auf dem vorderen der vier Zacken der Krone eine auf dem Lotos stehende Gestalt. Das volle fleischige Gesicht des Avalocitecvara mit dem kräftigen Kinn und den großen Augen erinnert an den heutigen Bucharioten-Typ, der bei aller üppigen Rundung der Formen durchaus männlich wirkt.

KWANNON – Japanische Lackarbeit, nach With spätere Kopie einer Plastik seines „chinesischen Mischstils", den er der ersten Hälfte des siebenten Jahrhunderts zurechnet. Wiedergabe aus seinem Werke „Buddhistische Plastik in Japan" (Anton Schroll & Co., Wien), Tafel 72/73.

AIZEN -MYO-O (= der in Liebe getränkte König der Kenntnis), früher als Avalokitecvara bezeichnete japanische Holzplastik des Rijks Ethnographisch Museum in Leiden.

AVALOKITECVARA – Ethnographisches Museum in München. Überlebensgroße Holzplastik aus dem Jahre 1844. Auf dem Scheitel eine Figur, die in Haltung, Geste und Gewand die Hauptgestalt wiederholt und in dieser Übereinstimmung die Identität im Geistigen spiegelt.

BATO KWANNON – der pferdeköpfige Kuan yin; „japanischer Schutzheiliger des Viehs". Wiedergabe aus v. Siebold, „Nippon".

AVALOKITECVARA – Bronze im Museum für Völkerkunde Berlin
(Asiatische Abteilung, I D. 13 072)

KUAN YIN – Chinesische Porzellanfigur im Museum für Völkerkunde zu Lübeck.

KUAN YIN – Chinesisches Bildwerk in King-yang-Iu (Provinz Kansu) mit Kinderfigürchen als Votivgaben unfruchtbarer Frauen. Wiedergabe nach Anthropos III, 763 und Tafel.

KUAN YIN – Wiedergabe eines Bildes bei Anastasius Kircher „China illustrata", Seite 140.

KUAN YIN – Chinesische Plastik des Liebig-Museum in Frankfurt a. M. Die linke Hand umgreift ein fröhlich lachendes Kind. Das volle Gesicht spiegelt freudiges Familienglück und sinnenfrohe Mütterlichkeit, so dass fast die Wirkung einer Genre-Szene entsteht.

DIANA VON EPHESOS
Marmorplastik des Museo nazionale zu Neapel.

KUAN YIN
Die „tausendarmige" Gottheit. Nordchinesische Holzplastik im Museum für Völkerkunde zu Lübeck.

KUAN YIN – Porzellanfigur des Museums für Völkerkunde in Berlin (Asiatische Abteilung, ID. 205). Die „tausendarmige" Gottheit auf der Lotosblüte, um deren Stengel zwei Drachen der Tiefe sich winden. Rechts und links je ein Schüler.

KUAN YIN – Chinesische Bronzefigur im Museum für Völkerkunde zu Frankfurt a. M. (K.340). Die Göttin sitzt nach europäischer Art. An jedem Knie spielt, sich fröhlich tummelnd, ein Kind.

HOLZSCHNITZEREI
der Kwakiul-Indianer, als Puppe bezeichnet, im Museum für Völkerkunde

zu Berlin.

HOLZSCHNITZEREI

der Kwakiul-Indianer im Museum für Völkerkunde zu Berlin.

HOLZ SCHNITZWERK
aus Kamerun, Teil eines Hauspfostens. Ethnographisches Museum
München.

KOPFAUFSATZ VOM KONGO
für religiöse Tänze. Sammlung Leo Frobenius im Museum
für Völkerkunde zu Harnburg [Nr. 4771 : 06).

MARIA VON TUR AN
Malerei auf Leinwand im Museum für Völkerkunde zu Berlin
(T. II, y 69)

GRÄKO-BUDDHISTISCHE

Plastik im Museum zu Lahore. Von Foucher auf Grund von Äußerungen des chinesischen Pilgers Yi-tsing, der die „Kinderschenkerin" in den Vorhöfen und Hallen aller indischen Klöster gesehen hatte, für Hariti, die spätere Pockengöttin gehalten. Wiedergabe nach Foucher, „La Madame bouddhique" in „Monuments et memoires de l'academie des inscriptions, fondation E. Piot. Band 17, Paris 1909."

KUAN YIN
Chinesische Messingbronze im Museum für Völkerkunde zu Lübeck.

KUAN YIN
Chinesische Bronzefigur im Museum für Völkerkunde zu Lübeck.

PERSEPHONE UND JACCHOS

Antike Tonfigur. Vergl. Gerhard, „Abbildungen zu den Gesammelten Abhandlungen". Gipsabguss im Berliner Alten Museum.

KUAN YIN

Chinesische Messingbronze des Museums für Völkerkunde in Berlin (I D. 5748). Im Diadem das Bild des Inspirators der inkarnierten Wesenheit der Kuan yin,

KUAN YIN

Porzellanfigur des Museums für Völkerkunde zu Berlin (Asiatische Abteilung, I D. 5640). Geschlossene Augen und gelöste Hände, die das Kind nicht fassen, drücken den meditativen Zustand aus.

KUAN YIN – Chinesische Porzellanfigur des 17. Jahrhunderts in der Porzellansammlung zu Dresden. Das ruhig-freundlich-ernste Gesicht mit den geschlossenen Augen spiegelt die innere Gesammeltheit würdig wieder. Das von der rechten Hand gehaltene, von der linken gestützte Kind, groß, über das Säuglingsalter hinaus, erwacht, hält in seiner Linken einen Ball – die Erdkugel!

Weitere Bücher aus dem Christof Uiberreiter Verlag:

Das goldene Blatt der Weisheit
Seila Orienta/Franz Bardon

Zum ersten Mal in der okkulten Literatur wird die 4. Tarotkarte des Hermes Trismegistos verständlich beschrieben und offengelegt. Sie beinhaltet unbekannte Konzentrations- und Meditationsübungen. Des Weiteren gibt sie Hinweise und erklärt die Unterschiede zwischen Magie und Mystik und Gefahren des einseitigen Weges. Am Ende steht die Verbindung mit der universellen Gottheit, dem Herrn der Sonnensphäre, welcher quabbalistisch „Metatron" genannt wird.

*

5. Tarotkarte – Mysterien des Steins der Weisen
Seila Orienta/Franz Bardon

Dieses Buch stellt die Vorderseite der Alchemie dar, die die einzelnen praktischen Übungsschritte erklärt, ohne die verschlüsselten Mystifikationen der alten Alchemisten auch nur annähernd zu erwähnen, wie man es aus den anderen Büchern des Franz Bardon kennt. Es wird erklärt, dass ohne vollkommene Beherrschung der 4 Elemente keine Alchemie möglich ist. Des Weiteren wird mit den einzelnen Ebenen, mit den Matrizen, dem elektromagnetischen Fluid usw. gearbeitet. Doch den Hauptpunkt stellen die göttlichen Eigenschaften wie z. B. die Allmacht dar, mit denen der Göttliche Stein der Weisen durch gewisse Übungen geladen wird.

*

Talismanologie und Mantramkunde
Seila Orienta/Franz Bardon

Zum ersten Mal werden hier (magisch) geladene Mantrams – Gebetssätze – preisgegeben, welche bei nötiger Reife, Ausgeglichenheit und Reinheit durchdringende Erfolge versprechen. Mantrams sind ja nach Bardon nicht irgendwelche „Suggestionssätze", sondern sie sind Ideenausdrücke, mit denen man mit Mächten, Kräften, Eigenschaften, also Gottheiten, in Verbindung kommen kann. Gleichzeitig werden die dazugehörigen Siegelzeichen der göttlichen Ideen preisgegeben, welche im rituellen

Zusammenhang mit den Mantrams stehen. Ein Buch, das nicht nur die Hermetiker, sondern auch die Anhänger der Yogawissenschaften inspirieren wird!

*

Eine Sammlung der schönsten und lehrreichsten Beschwörungsgeschichten
Hohenstätten

Dieses Buch ist einzigartig, denn es zeigt den zweiten Band von Franz Bardon an Hand von interessanten Evokationsberichten, die genau das bestätigen, was Bardon in seinem Buch geschrieben hat, und noch darüber hinaus. Es werden sensationelle Erlebnisse geschildert, die man sonst niemals findet. Auch aus unveröffentlichten Schriften wird zitiert.

*

Verkörperungen des Meister Arion
Hohenstätten

Man wird beim Lesen dieses Buches nicht glauben, wie viele bekannte und unbekannte Inkarnationen Franz Bardon hatte. Die paar, die im „Frabato" bekannt gegeben wurden, stellen nur einen geringen Teil seiner Verkörperungen dar. Wir mussten, da es dermaßen wenig Literatur über die Verkörperungen gab, wieder Hunderte und Aberhunderte von Büchern, Aufsätzen, Zeitschriften und Artikeln durcharbeiten, bis wir genügend Material für dieses Buch hatten. Aber der Leser wird sich beim Lesen sicherlich über unsere Arbeit freuen, denn sie wird ihn in Erstaunen versetzen!

*

Shamballa, der goldene Tempel des Lichts
Hohenstätten

Dieser Tempel dürfte jeden Leser von Bardons Roman „Frabato" fasziniert haben. Dass es aber in der okkulten Literatur noch viel mehr Informationen darüber gibt, die man aber nur findet, wenn man alles Veröffentlichte gelesen hat, dürfte dem einen oder anderen unbekannt sein. Es wurden wieder ganze Stöße von Büchern durchgesehen und das Ergebnis wird hier veröffentlicht. Es wird aber gleichzeitig darauf hingewiesen, wie viel Schundliteratur es darüber gibt, wie viel Lügen im Umlauf sind, damit sich der Schüler der Hermetik ein klares Bild machen kann. Wir bringen in diesem Buch alles, was wir an Material darüber gefunden haben, und es wird auch noch einiges aus der eigenen Erfahrung, was das Wertvollste ist, mitgeteilt. Nicht nur über den Tempel wird berichtet, sondern auch über die damit verbundene „Bruderschaft des Lichts", deren Sitz er darstellt.

*

Auf der Suche nach Meister Arion
Hohenstätten

Diese Autobiographie eines Schülers der Hermetik des Franz Bardon schildert sein magisches Leben, in welchem zahlreiche Erfahrungen zu den Übungen aus dem Adepten geschildert werden, die die Hauptperson selbst erlebt hat. Es wird der schwere Weg des Adepten aus autobiographischer Sicht gezeigt, seine vielen Tiefschläge, aber auch seine glanzvollen Seiten und Zeiten. Der harte Kampf mit dem Seelenspiegel wird bis in alle Einzelheiten aufgezeigt, genauso wie die vielen anderen Wege, in welche der Autor reinschnupperte, um dadurch reichlich Erfahrung sammeln zu können. Darüber hinaus enthält es unzählige Erfahrungen und Berichte betreffs Mantramistik nach Bardon, die wahre Runenmagie, zahlreiche Evokationen sowie Invokationen mit seinem Lehrer Anion, einen magischen Exorzismus, wie er bisher noch nie öffentlich geschildert wurde. Mentalreisen, Beeinflussungen, Übungen zur Gottverbundenheit, Erscheinungen, Alchemie, Heilungen mit den verschiedensten magischen Methoden z. B. Quabbalah oder durch die Elemente, Schutzgeistevokationen und viele andere magische „Wunder" seines Freundes und Lehrers Anion. Auch einige magische Fotos in Farbe, ein bisher von Bardon unveröffentlichtes Akashafoto von Christus und ein Bild des schwebenden Meister Arion werden in diesem Buch preisgegeben. Der Inhalt ist viel reichlicher, als hier kurz beschrieben werden kann.

*

Magisches Gleichgewicht
Hohenstätten

Dieses Buch zeigt eindeutig, dass in allen anderen Systemen das „Gleichgewicht" genauso gebraucht wird, wie bei Bardons Werken. Er war nicht der Einzige, der das erwähnte, aber er war der erste, der es deutlich erklärte, denn die anderen Systeme sprachen nur durch das Symbol, welches nicht jedem Leser verständlich war. Obendrein bringen wir noch Unveröffentlichtes vom Meister Arion zu dieser Grundlage der magischen

Entwicklung.

*

Das Leben und die Erfahrungen eines wahren Hermetikers
Seila Orienta

Diese Autobiographie eines Magiers ist unübertroffen, denn bis jetzt hat kein einziger okkult Geschulter so offen und ehrlich gesprochen wie Seila Orienta. Er gibt in diesem Werk sein Leben bekannt, sowie seine zahlreichen und äußerst interessanten Erlebnisse und Erfahrungen. Es werden auch zum ersten Mal Fotos von Wesen der Sphären gezeigt, welche Franz Bardon höchstpersönlich in den 1920ern gemacht hat. Des Weiteren schreibt Seila Orienta über die Sphären, über Dämonen, Logenkontakte und vieles, vieles mehr, was einem ehrlich strebenden Hermetiker das Herz übergehen lassen wird.

*

Das Leben des Franz Bardon
Hohenstätten

Dieses Buch beschreibt das Leben des Meisters außerhalb des Frabatos, welches seine Sekretärin – Otti V. – geschrieben hat. Es beinhaltet Erklärungen zu seiner „Biografie", weitere Einzelheiten über den Kampf mit der FOGC, seine Beziehung zu Wilhelm Quintscher und anderen Okkultisten, was alles bisher unbekannt war! Des Weiteren werden viele Erlebnisse seiner Schüler in Prag erzählt, verschiedene magische Leistungen und interessante Geschichten Bardons beschrieben, die bis dato unveröffentlicht sind. Es werden auch seine drei Lehrwerke und deren Wirkung auf die Öffentlichkeit von einem anderen, unbekannten Standpunkt geschildert, welcher durch bisher schwer zugängliche Schriften unterstützt wird. Als Krönung wird seine aus dem Tschechischen übersetzte „Runenschrift" zum ersten Mal veröffentlicht. Auch einige Seiten aus anderen unveröffentlichten Schriften von ihm sowie interessante Fotos des Meister Bardon und seiner Freunde werden hier preisgegeben und vieles, vieles mehr.

*

In Verbindung mit der Gottheit
Hohenstätten

Über das Thema der Gottverbundenheit mit all seinen Formen und

Methoden wurde bis heute noch nie ein Buch verfasst, geschweige denn eine Schrift geschrieben. Man findet in der okkulten wie in der östlichen Literatur nur spärliche Hinweise, die größtenteils verschlüsselt sind oder so geschrieben wurden, dass man sie kaum versteht. Im Gegensatz dazu wird in diesem Buch offen dargelegt, dass das 1. kleine Arkanum der 78 Tarotkarten die Gottverbundenheit in ihrer Reinform darstellt.

*

Hermetische Heilmethoden
Hohenstätten

Dieses Buch stellt in der okkulten Literatur ein absolutes Unikum dar, denn über die Gesamtheit der okkulten Heilmethoden wurde bis jetzt noch NIE etwas Sinnvolles geschrieben. Es werden alle Heilmethoden erwähnt, die der hermetische Schüler mit Hilfe seiner bisher erlangten Konzentrationsfähigkeit ausüben und verwenden kann.

*

Erste hermetische Zeitschrift

„Der hermetische Bund teilt mit" ist eine der wenigen magisch-mystischen Zeitschriften, welche sich soweit als möglich auf die universelle Lehre von Franz Bardon bezieht. Sie versucht sich an die Gesetze des 4-poligen Magneten zu halten und vermittelt Wissen sowie Hinweise für die Praxis, damit der Leser die Möglichkeit hat, sie in seinen hermetischen Weg aufzunehmen und für sich gewinnbringend zu verarbeiten.

Noch viel mehr hermetische Literatur finden Sie auf unserer Website: http://www.hermetischer-bund.com.

Viel Vergnügen beim Stöbern!

Der Verlag